EDITORIAL

> **Liebe Leserin, lieber Leser,**

mit diesem Low Budget Führer erleben Sie die spannendsten Seiten von London für wenig Geld – große Kultur, Shoppingspaß und das pulsierende Nachtleben erwarten Sie, ohne das Budget allzu sehr zu belasten. Auf den folgenden Seiten erfahren Sie, wo und wie die britische Metropole preisgünstig zu erobern ist. Wir verraten, welche Kulturtempel ohne Eintritt zu besichtigen sind. Wo Sie günstig wohnen und lecker essen können, ohne dabei arm zu werden. Wie man zum halben Preis in Madame Tussauds Wachsfigurenkabinett reinkommt, für kleines Geld in Soho Champagner schlürft und britische Klassiker-Filme zum Nulltarif sieht. Sie finden Webseiten mit Rabatt-Gutscheinen (derzeit Londons Spar-Schlager schlechthin!) und spannende Alternativen zu den klassischen Sehenswürdigkeiten, bei denen Sie London kennen lernen und nur wenig Geld ausgeben müssen. Über 250 Adressen laden zum schlauen Sparen ein – entdecken Sie mit diesem Marco Polo Low Budget die cleversten Angebote und gestalten Sie Ihren Aufenthalt so schön und günstig wie möglich. Denn mit Pfunden wuchern kann jeder, sparen ohne zu verzichten dagegen nicht.

Viel Spaß beim Entdecken!
wünscht Ihnen Ihr MARCO POLO-Team

W0020576

SYMBOLE:

 MARCO POLO INSIDER-TIPPS
Von unserer Autorin für Sie entdeckt

 KOSTENLOS
Hier zahlen Sie keinen Penny!

TOP 10 DIE BESTEN LOW BUDGET TIPPS 4

START IN DIE STADT 6

TOP 10 DIE BESTEN SEHENSWÜRDIGKEITEN 14

KULTUR & EVENTS 16

MEHR ERLEBEN 32

ESSEN & TRINKEN 44

SHOPPEN 60

NACHTLEBEN 76

INHALT

CLEVER!
Sparfüchse aufgepasst! Mit diesen Tipps und Tricks können Sie zusätzlich Geld sparen oder etwas Besonderes erleben

LUXUS LOW BUDGET
Edles echt günstig! Ob Hotel-Suite, Gourmet-Lunch oder Designer-Outfit. Gehen Sie mit uns auf Schnäppchenjagd

SCHLAFEN 88

MIT KINDERN 104

CITYATLAS LONDON MIT STRASSENREGISTER 116

REGISTER 152

IMPRESSUM 155

LOW BUDGET WEEKEND 156

LUXUS LOW BUDGET WEEKEND 158

ÖPNV-PLAN 160

TOP 10

> Schauen, staunen und sparen: Toll, was Sie in London für wenig Geld so alles entdecken und erleben können. Hier die Top-Insider-Tipps unserer Autorin auf einen Blick

 BATTERSEA FLOHMARKT [144 C3]

Schnäppchenjagd vom Feinsten – auf diesem Londoner Flohmarkt kann jeder was Schönes zum absoluten Low Budget-Preis finden *(S. 61)*

 BRITISH LIBRARY [124 A3]

In Britannien blüht die Buchkultur seit Jahrhunderten: Der interaktiv präsentierte Rundumschlag von der Magna Carta über Shakespeares Folio-Ausgaben zu den Songs der Beatles ist nicht nur was für Bücherwürmer – und kostet nichts! *(S. 22)*

 FREE TEA [132 B3]

Der wunderschöne, holzgetäfelte Twinings-Laden, in dem seit 1706 Tee verkauft wird, lädt ein zur kos-tenlosen Tasse des edlen Getränks im kleinen Museum *(S. 63)*

 HOME SWAP

Heimtausch-Börsen können beim Citytrip enorm viel Geld sparen – tauschen Sie einfach Ihre heimischen vier Wände gegen eine Wohnmöglichkeit in London. Kostet kaum was und kann echtes London-Feeling verschaffen *(S. 99)*

 MONUMENT MAL! [134 A4]

Wem das Geld für St Paul's Cathedral oder das London Eye-Riesenrad fehlt, hat von der höchsten freistehenden Säule der Welt Top-Blicke auf die ganze Stadt – für weniger als den Preis eines Biers *(S. 40)*

DIE BESTEN
LOW BUDGET TIPPS

 PARKLEBEN **[130 A4] u. [139 E1]**

Ein Spaziergang durch den St James' Park bringt Sie zu Buckingham Palace und Wachablösung, und im Hyde Park können Sie günstig Boot fahren, Inlineskaten, schwimmen und mehr *(S. 37 u. 113)*

 SPAR-SCHAMPUS **[131 E2]**

Sehr soziale Preise im Amüsierviertel Soho bietet zwischen Holztischen, Ledersofas und Kerzenschummer Londons günstigste Champagnerbar. Der Haus-Schaumwein namens Georges Lacombe NV ist vom Geschmack so gut wie vom Preis günstig *(S. 77)*

 SPAZIERGANG AM THEMSE-UFER

Beim Flanieren am Südufer der Themse zwischen Westminster und London Bridge haben Sie tolle Blicke auf St Paul's Cathedral und die Skyline der City – natürlich vollkommen gratis *(S. 32)*

 YOTEL **[144 C2] u. [144 C4]**

Die stylisch weiß und violett designten Kapselhotels an den Flughäfen Heathrow und Gatwick bieten Komfort auf kleinstem Raum und sind preiswert pro Nacht oder auch nur für ein paar Stunden buchbar *(S. 91)*

ZIVILPROBE @ ST MARTIN IN THE FIELDS **[132 A4]**

In der hübschen Kirche aus dem frühen 18. Jahrhundert am Trafalgar Square können Sie doppelt sparen: bei Gratis-Lunchkonzerten klassischer Musik lauschen und kostenlos zuhören, wenn die Musiker an Nachmittagen vor den Abendkonzerten in Zivil proben *(S. 20)*

> Viele Wege führen preiswert nach London, und man kommt gut und günstig quer durch die Stadt

Die erste Frage lautet natürlich: Wie kommt man am billigsten und besten nach London? Es mag überraschen, aber die Bahn kann da preislich durchaus mit den Billigfliegern mithalten, vor allem, da sie mitten in der Stadt ankommt statt an weit draußen liegenden Flughäfen und so das Geld für den Zubringerdienst gespart wird. Für Low-Budget-Reisende ohne Berührungsängste gilt außerdem: mitgefahren, mitgespart – die klassischen Mitfahrzentralen sind ins 21. Jh. gedüst und arbeiten jetzt viel benutzerfreundlicher und vernetzter. Das neue, kostenlose globale Online-Netzwerk PickupPal, das per intelligenter GPS-Technologie Autofahrer mit Mitfahrern verlinkt, ist sogar mit den beliebtesten Social Networks wie Facebook und Twitter verbunden *(www.pickuppal.com)*. Wenn Sie dann in London angekommen sind, stehen neben der Grundversorgung durch Ihre preiswerte Travelcard für den öffentlichen Nahverkehr ganz unterschiedliche Möglichkeiten zur Verfügung, die Stadt zu entdecken: von der ältesten U-Bahn der Welt über Doppeldeckerbusse bis hin zum Themse-Boot fährt alles durch die britische Metropole. Weitere Touren finden Sie im Kapitel „Mehr erleben" (ab Seite 32).

START IN DIE STADT

DIE ERSTE TAT

Wer in London gelandet ist, sollte gleich schnell eine Travelcard *(S. 10)* kaufen – damit kann man nach dem Verstauen des Gepäcks in der Unterkunft problemlos und preiswert allererste Eindrücke von der Metropole genießen. Ganz normale Linienbusse bieten einen tollen Blick auf die Stadt! Die besten Möglichkeiten: Linie RV 1 verkehrt mit einstöckigen modernen Bussen zwischen Covent Garden und Tower Gateway; hier bekommen Sie gratis eine Fahrt über die Tower Bridge und passieren dann South Bank-Sehenswürdigkeiten wie das London Eye-Riesenrad, die imposante Tate Modern-Kunstgalerie und den Borough Market. Das Herzstück der Linie Nr. 3 bringt Sie von der quirligen Oxford Circus Station über Regent Street, Piccadilly Circus – dann haben Sie den auch schon mal gesehen –, Trafalgar Square und Whitehall zu den Houses of Parliament und Big Ben. Auf den Routen Nr. 9 und 15 (Tower Hill–Trafalgar Square) setzt man zwischen 9.30 und 18.30 Uhr sogar alle Viertelstunde einen klassischen Routemaster-Doppeldecker-Bus ein – das macht das London-Feeling erst richtig authentisch (Routenverlauf auf *www.southbanklondon.com*).

ANREISE
BILLIGFLÜGE

Zielflughäfen für Billigflüge nach London sind die teilweise recht weit außerhalb gelegenen Airports Stan-

START IN DIE STADT

sted, Luton und Gatwick; der Flughafen Heathrow wird eher von Liniengesellschaften angesteuert. Germanwings *(www.germanwings.com)*, Air Berlin *(www.airberlin.com)*, Easyjet *(www.easyjet.com)* und Swiss *(www.swiss.com)* haben London im Angebot und bieten etwas besseren Service als die Original-Budget-Airline Ryanair *(www.ryanair.com)*; schon ab 12 Euro fürs Rückflugticket ist man zu bestimmten Terminen dabei. Man sollte auch unbedingt die Homepages von Lufthansa *(www.lufthansa.com)* und British Airways *(www.ba.com)* checken, da dort oft interessante Sonderaktionen laufen (ab ca. 49 Euro). Portale wie *www.lastminute.com, www.expedia.de* und *www.skyscanner.com* sind bekannte Buchungshilfen, *www.swoodoo.com* sucht nicht nur bei Billigfliegern und regulären Airlines, sondern auch bei Online-Reisebüros.

GÜNSTIG PER BAHN

Mit dem Zug unter dem Ärmelkanal nach London zu fahren ist nicht nur ökologisch sinnvoll und weitgehend stressfrei, sondern kann auch preislich gut mithalten, zumal durch die Ankunft mitten in der Stadt Kosten und Zeitaufwand für teure Zubringerzüge entfallen. Das „London-Spezial"-Ticket für ICE/Eurostar startet bei 49 Euro für die einfache Fahrt von jedem deutschen Bahnhof – Kontingente sind limitiert, also früh buchen (ab drei Monate vor Fahrtermin). Wer regulär über Brüssel fährt (statt mit dem teureren Thalys über Paris), kann jetzt auch ein Online-Ticket buchen. *Einfache Fahrt ab 49 Euro, www.bahn.de*

Inside Tipp

GÜNSTIG MIT DEM BUS

Auch per Bus geht es billig nach London, Europabus Spezial etwa lockt mit Sparpreisen ab 29 Euro *(www.touring.de)* für die einfache Strecke ab Frankfurt und vielen anderen Abfahrtsorten. Die Busfirma Mango Tours bietet verschiedene Kurztrips zwischen 3,5 und 6 Tagen ab 79 Euro an (vornehmlich für junge Leute). *Kurztrip Mango Tours ab 79 Euro, www.mango-tours.de*

MIT DEM AUTO/FÄHRE

Das Auto nach London rüberzuschippern lohnt sich eigentlich nur für Leute, die noch andere Regionen Englands bereisen wollen; Fährpreise (über *www.directferries.de*)

Bild: Gut und günstig per Bus zu erkunden – das authentische London

beginnen bei etwa 100 Euro für Hin- und Rückfahrt. Parkplätze in London sind teuer, die City-Maut schlägt ab 2011 mit £10 pro Tag zu Buche – also lieber das Auto zu Hause lassen.

MITFAHRGELEGENHEITEN
Bei der Mitfahrzentrale, Deutschlands größtem Anbieter *(Tel. 01805/03 11 99 11, www.mitfahrzentrale.de)*, sind aktuelle Angebote direkt online ersichtlich; die einfache Fahrt nach London kostet je nach Zahl der Mitfahrer um die 70 Euro. Weitere Mitfahrzentralen-Homepages sind z.B. *www.mitfahrclub.adac.de, www.mitfahrgelegenheit.de* und *www.drive2day.de*

IN LONDON UNTERWEGS

BUS UND BAHN
Londons öffentlicher Nahverkehr ist gut und relativ zuverlässig, aber nicht billig; für die kürzeste U-Bahnstrecke zahlen Sie bereits £2. Travelcards (Papiertickets für einen Tag oder eine Woche) bringen die teuren ÖPNV-Kosten unter Kontrolle. Ab 9.30 Uhr können Sie für £7 einen Tag lang das gesamte Netz von Bus, U-Bahn und Docklands Light Railway sowie der neuen Overground be-

nutzen – für längere Zeiträume wird's noch billiger. Travelcards löst man am Fahrscheinautomaten bzw. am Schalter der U-Bahnstationen oder in einem der Kioske und Tante-Emma-Läden mit dem blauen Oyster-Logo. Die berühmten roten Doppeldecker-Busse können Sie damit auch benutzen. Im Bus selbst können Sie nur die teureren Einzelfahrscheine kaufen. Urlauber lösen meist die Papierversionen der Travelcard, Einheimische benutzen die elektronische blaue Oystercard, für die Sie £5 Pfandgebühr hinterlegen müssen. Achtung: bei der Oystercard in keinem Fall vergessen, jedes Mal den Kartenleser zu benutzen. *Travelcard für 1 Tag £7, für 1 Woche £29.20 in der zentralen Zone 1–2 | www.tfl.gov.uk*

BUS UND BAHN VOM AIRPORT
Generell gilt: Züge sind teuer und schnell, Busse preiswert und langsam. Die Heathrow-, Stansted- und Gatwick-Express-Züge fahren schnell und häufig, bieten z.T. sogar WLAN an Bord, kosten aber viel (Heathrow einfach z.B. ab £18 bei Online-Buchung, Sondertarife u.a. für Gruppen und Kinder). Von

START IN DIE STADT

Heathrow ist Heathrow Connect (*www.heathrowconnect.com*) eine günstigere Alternative für weniger als £9.10 (einfache Fahrt, alle halbe Stunde nach Paddington). Von Gatwick fahren Sie mit Southern bis Victoria für knapp £16.85 flexibel hin und zurück. Wer über Easyjet (*www.easyjet.com*) Bustickets im Voraus online bucht, spart ebenfalls kräftig: Ab £2 gehen Luton, Stansted und Gatwick hin und zurück, je früher Sie buchen, desto weniger müssen Sie zahlen.

MIT DEM TAXI

Die komfortabelste Art des Flughafen-Transports – und bei den hohen Preisen für die Zubringerzüge durchaus zu erwägen! – ist natürlich das Taxi. Die Firma BA Transfer zum Beispiel macht ausschließlich Airport-Fahrten und kann konkurrenzfähige Raten anbieten, z.B. £42 pro Auto vom Flughafen in die Innenstadt bis zur Haustür. Wer sich unbürokratisch auf der Website als Mitglied registriert, bekommt 5 Prozent Rabatt (*Tel. 89 00 22 99, www.ba transfer.com*). Auf der Webseite von MS Cars (*www.mscarsltd.com*) in Nordwestlondon sehen Sie genau,

wie viele Personen und Taschen Sie für wie viel Pfund von dort nach Heathrow, Gatwick oder Stansted bekommen; für einen Aufpreis geht das auch von anderen Startorten. Ein günstiger Minicar-Anbieter ist z.B. *www.londoncarservices.com*. Wenn Sie weiter außerhalb untergebracht sind, können Sie auch nach lokalen Minicab-Services von und zu den Airports Ausschau halten.

PER CITY BIKE 🚲

Endlich hat auch London sein Leihfahrrad-Programm! Seit Dezember 2010 können Urlauber 24 Stunden pro Tag, sieben Tage die Woche die robusten Aluminium-Räder mit Dreigangschaltung in Anspruch nehmen. Fahrten unter 30 Minuten sind gratis! Mit Ihrer Visa- oder Mastercard-Kreditkarte gehen Sie zur nächsten Docking Station – in der Innenstadt alle 400 bis 500 Meter, erkennbar an dem blau abgewandelten U-Bahn-Schild CYCLE HIRE – und folgen den simplen Anweisungen, um ein Fahrrad abzulösen; bis zu ein paar Stunden lohnt sich dieses System, für alles, was drüber hinausgeht, kontaktieren Sie besser einen Anbieter wie *www.londonbicycle.com. Gratis für*

Kurztrips, bis 1 Std. £1, bis zu 1 ½ Std. £4, bis zu 2 Std. £6 | *www.londonbicycle.com*

PER SIGHTSEEING-BUS

Die harte Realität: eine normale Doppeldecker-Sightseeingtour durch London kostet derzeit £26. Aber es gibt Möglichkeiten, den Preis zu drücken: Sie sparen z.B. glatte £10, wenn Sie eine Nachtfahrt im gelben „See London By Night"-Bus machen (*£15, Tel. 71 83 47 44, www.seelondonbynight.com*). Und wer Madame Tussauds auf seiner Checkliste hat, schlägt mit einem £52-Kombiticket von Premium Tours (*Tel. 77 13 13 11, www.premiumtours.co.uk*) gleich drei Fliegen mit einer Klappe: Sightseeing-Tour im roten Doppeldecker-Bus plus Themse-Fahrt plus Top-Ticket für Madame Tussauds.

STADTFÜHRUNGEN

Wer gut zu Fuß ist, kann gegenüber den Bustouren kräftig sparen: Die Stadtführungen von London Walks (*www.walks.com*) kosten nur £9, dafür wird man von erfahrenen und witzigen Guides geleitet. Wer des Englischen nicht so mächtig ist: Für ein paar Pfund mehr werden deutsch-sprachige Touren angeboten, das ist dann viel entspannter! £17 für Erwachsene, online £1.70 Rabatt, *www.londontoursaufdeutsch.com*

UNTERWEGS MIT DEM BOOT

Die City Cruises-Sightseeing-Bootsfahrten (*www.citycruises.co.uk*) lohnen sich auf jeden Fall: Mit Rabatt für Ihre Travelcard schippert sich's in einer Stunde (mit Kommentar) nach Greenwich für rund £6. Mit Travelcard-Rabatt können Sie auch normale, schnellere Pendlerboote nehmen (Anlegestellen z.B. London Eye, St Katherine's Dock, Canary Wharf oder North Greenwich, *www.thamesclippers.com*).

KOMMUNIKATION

GÜNSTIG TELEFONIEREN

Anrufe sind teuer, das weiß jeder; so kommunizieren Sie am besten per SMS. Wer ein bisschen länger in der Stadt bleibt, ist mit einer britischen SIM-Card besser dran. Schon in der Ankunftshalle sieht man Automaten für SIM-Karten mit Guthaben von ca. £10. Ein etablierter Anbieter ist etwa 0044.co.uk (*www.0044.co.uk*). Die britischen SIMs funktionieren allerdings in den wenigsten Fällen mit ausländischen Handsets, informieren Sie sich am besten noch vor der Reise bei Ihrem Anbieter. Die Carphone Warehouse-Kette bietet Deals verschiedener Anbieter *(www.carphonewarehouse.com)*. Die Vorwahl für London aus Deutschland ist *0044-20*; innerhalb Großbritanniens wird die *020* vorgewählt.

INTERNET/WLAN 🐷

Gratis ins Internet kommt man in den öffentlichen Bibliotheken, z.B. in der zentralen Westminster Reference Library *(35 St Martin's Street, Mo–Fr 10–20, Sa bis 17 Uhr, Tel. 76 41 46 36, www.westminster.gov.uk)*. Die orange Easy-Kette hat Dutzende von Internetcafés in der Stadt. Hotel-WLAN („WiFi") ist oft unverschämt teuer, doch die Zahl der WiFi-Spots in London steigt ständig.

STADTMAGAZIN

Die Online-Version des so etablierten wie coolen Time Out-Stadtmagazins *(www.timeout.com/london)* ist nicht schlecht, aber an die Rabatt-Gutscheine und Infos zu „Free London" kommt man doch einfacher in der Printversion (zwei gut angelegte Pfund Sterling). In großen roten Letztern werden hier die Gratis-Events als „FREE" ausgewiesen.

ZEITUNG KOSTENLOS 🐷

Die Abendzeitung „Evening Standard" etwa ist neuerdings kostenfrei und wird z.B. in den U-Bahn-Stationen und in vielen Museen verteilt. Hier erfährt man gratis News und Klatsch aus London, welche Kaufhäuser gerade Angebote laufen haben, welche Restaurants 2-for-1-Schnäppchen bieten, dazu auch Infos zu Gratis-Events.

INFORMATIONEN

LONDON INFORMATION CENTRE

Eine zentrale Anlaufstelle für persönliche Beratung in verschiedenen Sprachen, Ticketverkauf und vielfältiges Material über die Stadt ist das City of London Information Centre gegenüber von St Paul's Cathedral *(Mo–Sa 9.30–17.30, So 10–16 Uhr, Tel. 73 32 14 56, St Paul's Churchyard, U-Bahn: St Paul's)*. Die Website *www.visitlondon.com (bzw. www.visitlondon.com/de)* bietet umfassende Infos zur Stadt. Weitere Websites zum Thema sind zum Beispiel *www.londonforfree.net* und *www.thefirstpint.co.uk*.

TOP 10

> Das sollten Sie nicht verpassen, auch wenn der Eintritt schon mal etwas teurer sein kann – dafür kommen Sie in andere wichtige Sehenswürdigkeiten völlig kostenlos rein!

⭐ BRITISH MUSEUM [132 A1]

Großbritanniens besucherstärkste Kulturattraktion lockt (gratis!) mit Highlights von ägyptischen Mumien bis zu alten englischen Goldschätzen. *Eintritt frei | Sa–Do 10–17.30, Fr bis 20.30 Uhr | Tel. 73 23 82 99 | www.britishmuseum.org | U-Bahn: Russell Square | Bloomsbury*

⭐ 2 GREENWICH [145 D2]

Nehmen Sie das Boot in die Heimat der Zeitrechnung und stellen Sie sich mit einem Fuß in die westliche Hemisphäre, mit dem anderen in die östliche – hier ist es möglich. Außerdem wartet das National Maritime Museum. *Eintritt frei | tgl. 10–17 Uhr | Romney Road | Tel. 88 58 44 22 | www.nmm.ac.uk | U-Bahn: Cutty Sark | Greenwich | Boote: www.thamesclippers.com*

⭐ 3 LONDON EYE [140 B1]

In Europas höchstem Riesenrad schön langsam über die Houses of Parliament und Big Ben zu schweben ist die stilvollste Art, Ihren Citytrip zu starten. *Eintritt £ 18.90 (online £ 17) | tgl. 10–20.30, Juli/Aug. bis 21.30 Uhr | Tel. (0)871/781 30 00 | www.londoneye.com | U-Bahn: Westminster | South Bank*

⭐ MADAME TUSSAUDS [122 C5]

Ein Foto zusammen mit der Queen oder David Beckham gehört für viele zum Londonbesuch ganz einfach dazu. *Eintritt £ 15 bei Online-Buchung | Mo–So 9.30–17.30 Uhr | Tel. (0)871/894 30 00 | www.madametussauds.com | U-Bahn: Baker Street | Marylebone*

⭐ ST PAUL'S CATHEDRAL [133 E3]

Knapp 400 Stufen bringen Sie über die Flüstergalerie hoch zur Kuppel der barocken Kathedrale mit tollen Blicken weit über die City. *Eintritt £ 15 | Mo–Sa 8.30–16 Uhr | St Paul's Churchyard | Tel. 72 46 83 50 | www.stpauls.co.uk | U-Bahn: St Paul's | City*

DIE BESTEN
SEHENSWÜRDIGKEITEN

⑥ TATE MODERN & TATE BRITAIN [133 E4] u. [140 A4]
Zwei Highlights für Kunstfreunde: Das Museum für moderne Kunst sowie die diskretere Tate Britain mit Highlights aus fünf Jahrhunderten britischer Kunst. *Tate Modern: Eintritt frei | So–Do 10–18, Fr und Sa 10–22 Uhr | Bankside | Tel. 78 87 88 88 | www.tate.org.uk | U-Bahn: Southwark | St Paul's; Tate Britain: Eintritt frei | Sa–Do 10–18, Fr bis 22 Uhr | Millbank | Tel. 78 87 88 88 | U-Bahn: Pimlico*

⑦ „TEA AT THE RITZ" [131 E4]
Man gönnt sich ja sonst nichts … £ 42 für die berühmte Teezeremonie im Palm Court des Ritz sind astronomisch teuer, aber den feinsten Tee, die besten Fingersandwiches und Patisserien muss man einmal im Leben genossen haben. *Tgl. 11.30–19.30 Uhr | 150 Piccadilly | Tel. 73 00 23 45 | www.theritzlondon. com | U-Bahn: Green Park | Piccadilly*

⑧ TOWER BRIDGE [134 B4/5]
Die neugotische Klappbrücke von 1894 sollte man wohl einmal stilvoll auf den „Walkways" überqueren. Eine Ausstellung erzählt die spannende Geschichte dieses Londoner Wahrzeichens. *Eintritt £ 8 | Sommer 10–18, Winter 9.30–17.30 Uhr | Tower Bridge Road | Tel. 74 03 37 61 | www.towerbridge.org.uk | U-Bahn: Tower Hill, London Bridge | City*

⑨ TOWER OF LONDON [134 B4]
Der Tower ist eines der ältesten Gebäude der Stadt, hier werden u.a. die britischen Kronjuwelen und eine große Waffensammlung aufbewahrt. *Eintritt £ 20.90 (online £ 18) | Sommer So und Mo 10—17.30, Di–Sa 9–17.30, Winter 9.30–17.30 Uhr | Tel. (0)844/482 77 99 | www.hrp.org.uk/toweroflondon/ | U-Bahn: Tower Hill | City*

⑩ WESTMINSTER ABBEY [140 A2]
In der royalen Krönungskirche mit ihren gotischen Türmen warten u.a. ein Thron aus dem 14. Jh. und alte Grabmonumente. *Eintritt £ 16 | Mo–Di und Do–Fr 9.30–16.30, Mi bis 19, Sa nur bis 14.30 Uhr | 20 Dean's Yard | Tel. 72 22 51 52 | www. westminster-abbey.org | U-Bahn: Westminster | Westminster*

> Kostenlos ins Museum, günstig ins Theater oder in ein angesagtes Konzert? Hier steht, was wo geht

London hat in Sachen Kultur einen großen Vorteil: Trotz der Finanzkrise ist sie hier immer noch ein demokratisches Gut, so sind zum Beispiel die allermeisten der Top-Museen – von der National Gallery übers British Museum bis zum Tempel der angewandten Kunst im Victoria & Albert-Museum – gratis. Low Budget Traveller sollten sich nur von Sonderausstellungen fernhalten, die gut und gerne £ 10 kosten können, und mit einem geschnürten Picknickpäckchen und Thermosflasche die hohen Preise der Museumscafés umgehen. Bewaffnet mit Ihrer Travelcard finden Sie mit Leichtigkeit weitere kulturelle Leckerbissen: günstige Filme, Gratis-Konzerte und Vorträge. Kulturelle Sparfüchse müssen sich nicht auf die großen Häuser beschränken: „Off-West-End"-Theater, „Fringe"-Shows und Matinees in kleineren Kinos sind immer günstiger als etwa die notorisch teuren Musicals. Preiswerte Theaterkarten verkauft der tkts-Kiosk (Leicester Square). Galerien kosten keinen Eintritt, genauso die Straßenkunst-Szene (*www.londonist.com*). Und wer die Oper liebt, kommt in London ebenfalls auf seine Kosten – natürlich verraten wir, wie man die Darbietungen am günstigsten genießen kann.

KULTUR & EVENTS

CHINESISCHES NEUJAHR 🐷

Trafalgar Square, Chinatown und Shaftesbury Avenue stehen im Zentrum des kostenlosen Festivals zum Chinese New Year, das mit seinen farbenfrohen Kostüm-Prozessionen und Feuerwerk locker 250 000 Besucher anzieht. 2012 beginnt das Jahr des Drachen am 23. Januar, 2013 das Jahr der Schlange am 10. Februar. *Eintritt frei | wechselnde Daten Jan. und Feb. | So 12–18 Uhr | Tel. 78 51 66 86 | www.chinatownlondon. org | U-Bahn: Charing Cross | Soho*

FILMFESTIVAL-KALENDER 🐷

Besonders cool spart es sich bei den vielen Londoner Filmfestivals mit allen möglichen und unmöglichen Themen aus aller Herren Länder; bei den unbekannteren, länderspezifischen Festivals sind die Preise am niedrigsten. Das Science-Fiction-Filmfestival Ende April/Anfang Mai *(www.sci-fi-london.com)* etwa bietet Gratis-Events wie „Coffee with …" mit berühmten Regisseuren und um £4 reduzierte Tickets vor 18 Uhr. Weitere Beispiele: Ende August/Anfang September läuft das London International Animation Festival *(www.liaf.org.uk)*; im September stellt das Portobello Film Festival *(www.portobellofilmfestival.com)* um die 600 unabhängig produzierte ungewöhnliche Filme vor; Mitte Oktober lockt das London Film Festival *(www.bfi.org.uk)* die Cinema-Brigade zu 300 Streifen ans Themse-

Ufer; im Dezember folgt das Underground Film Festival *(www.london undergroundfilmfestival.org.uk)*.

NOTTING HILL CARNIVAL

Europas größtes Straßenfestival findet am letzten Wochenende (inkl. Montag) im August statt: karibische Umzüge mit glitzernden Kostümen, boomende Soundsysteme mit Soca und Samba, leckere Food-Stände, grelle Trillerpfeifen, Hunderttausende Feiernde auf den Straßen – und das Ganze ist kostenfrei. Heißer Tipp für weniger Gedrängel ist die ebenso kostenlose „Panorama"-Samba- und Steelband-Competition *(gratis, 18–23 Uhr, Bosworth Road/Kensal Road, U-Bahn: Westbourne Park)* am Samstag zuvor im Horniman's Pleasance Park. *Eintritt frei | letztes Wo.ende im Aug. inkl. Bank Holiday Monday | Tel. 77 27 00 72 | www.the nottinghillcarnival.com | U-Bahn: Notting Hill Gate | Notting Hill*

PROMS [137 E1]

Für die Weltklassekonzerte des weltgrößten Festivals klassischer Musik, das alljährlich zwischen Mitte Juli und Mitte September in der ehrwürdigen Royal Albert Hall über die Bühne geht, gibt es Stehplatz-Tickets für £ 5. Stehen muss man leider auch ein bisschen, um an die Karten ranzukommen – viele Londoner stellen sich geduldig schon über Nacht an, die berühmte „Last Night of the Proms" ist jede Anstrengung wert. Eine nicht zu teure Alternative ist die „Proms in the Park"-Freiluft-Aufführung für £ 20 in Hyde Park mit Bühnenshow großer Namen und Liveschaltung in die Royal Albert Hall; die Leute machen Picknick und singen mit, und ein spektakuläres Feuerwerk rundet das ganze Geschehen ab. *Eintritt ab £ 5 | Mitte Juli bis Mitte Sept. | Royal Albert Hall, Kensington Gore | www.bbc.co.uk/ proms/ | U-Bahn: South Kensington | South Kensington*

KINO

PRINCE CHARLES CINEMA [131 F3]

Am Rand der großen Premierenkinos um Leicester Square – wo man manchmal einen Blick auf Hollywoodstars auf dem roten Teppich des Odeon-Lichtspielhauses erhaschen kann – befindet sich das Sparkino der Stadt, mit Autorenfilmen, Retrospektiven und neuen Filmen. Wer viele Werke sehen will, länger bleibt oder

KULTUR & EVENTS

öfter wiederkommt, sollte unbedingt eine Jahresmitgliedschaft (£ 10, Studenten £ 7.50) ins Auge fassen, dann reduziert sich der Ticketpreis auf £ 4 und es gibt 10 Prozent Rabatt auf die Drinks an der Bar und in einigen Läden ringsum. *Tickets ab £ 4 | 7 Leicester Place (ab Leicester Square) | Tel. 74 94 36 54 | www.princecharlescinema.com | U-Bahn: Leicester Square | Piccadilly Circus*

ROXY 🐷 [141 E–F1]

Diese coole, preisgekrönte Digital- und VJ-Bar in Südlondon mit gemüt-

lichen Ledersesseln nimmt keinen Eintritt für ihr innovatives Filmprogramm in Blue-Ray und HD-Qualität zwischen Sonntag und Mittwoch, und aktuelle Filme wie Stieg Larsson-Verfilmungen kosten auch nur £ 3. Knallharte Bedingung: Die Besucher müssen unbedingt über 18 Jahre alt sein. *Eintritt frei bis £ 3 | Mo 17–0, Di–Do bis 1, Fr bis 1.30, Sa 13–2.30, So bis 0 Uhr | 128-132 Borough High Street | Tel. 74 07 40 57 | www.roxybarandscreen.com | U-Bahn: Borough, Southwark | Borough South Kensington | South Kensington*

Große Bühne für Weltklassekonzerte: Royal Albert Hall

KONZERTE

SOUTHBANK CENTRE 🐷 [132 B4]

Ein wahres Paradies der Freebie-Kultur ist das Southbank-Kulturzentrum am Themse-Ufer, der größte Kulturkomplex Europas. Immer fleißig nach den speziellen „Free Events" Ausschau halten: Konzerte, Performances, literarische Events und Ausstellungen laufen zum Beispiel oft im Foyer der Royal Festival Hall, Queen Elizabeth Hall und Purcell Room. Freitagabends wird Live-Musik verschiedener Richtungen geboten – Jazz, Blues oder Folk –, noch mehr Musik gibt's freitags und sonntags in der Central Bar der Royal Festival Hall. *Eintritt frei | wechselnde Zeiten | Belvedere Road | Tel. 79 60 42 00 | www.southbankcentre. co.uk | U-Bahn: Westminster, Waterloo | South Bank*

ST JAMES'S 🐷 [131 E4]

Meist montags, mittwochs und freitags laufen in dieser von Sir Christopher Wren designten Backstein-Kirche am Piccadilly Lunchkonzerte. Der Eintritt ist frei, auch wenn eine milde Gabe von £3.50 gern gesehen wird – die Kirche braucht drei Millionen Pfund für dringende Restaurationsarbeiten. Für die Abendkonzerte gibt es Proben, denen man gratis zuhören kann. Von Dienstag bis Samstag sind außerdem vor der Kirche immer ein paar Stände aufgebaut, am Dienstag mit Antiquitäten und Sammelstücken, den Rest der Woche meist mit Kunsthandwerk, witzigen Accessoires und Karten. *Eintritt frei | 197 Piccadilly | Tel. 77 34 45 11 | www.st-james-piccadilly.org | U-Bahn: Piccadilly | Piccadilly*

ST MARTIN IN THE FIELDS 🐷 [132 A4]

Hier können Sie doppelt sparen: die Gratis-Lunchkonzerte klassischer Musik in James Gibbons' hübscher Kirche (Baujahr 1726) am Trafalgar Square sind stadtbekannt. Aber wer weiß schon, dass an den Nachmittagen vor den Abendkonzerten die Musiker in Zivil proben? Vielleicht sehen Sie die erste Violinistin in Paillettenrock, pinken Strumpfhosen und Gummistiefeln – alles schon vorgekommen! Diese „Open Rehearsals" finden etwa um 16 Uhr statt. Das atmosphärische Krypta-Café hat faire Preise und (leider nur bis 12 Uhr mittags) Gratis-WLAN; Mittwoch abends ist „Jazz Night" mit Tickets ab etwa £5. *Eintritt frei | Lunchkon-*

Bild: Gratis-Lunchkonzerte in schöner Kirche – St Martin in the Fields

zerte Mo, Di, Fr 13, offene Proben ca. gegen 16 Uhr an Konzerttagen | Trafalgar Square | Tel. 77 66 11 00 | www.smithf.org | U-Bahn: Charing Cross, Leicester Square | Soho

TEMPELRITTER-SOUND 🐷 [132 C3]

Die einzige Rundkirche Londons, erbaut im späten 12. Jahrhundert zwischen Fleet Street und der Themse, ist ohnehin den Besuch wert. Die Knights Templar Church, das englische Stammhaus des Tempelritterordens mit seinen dramatischen (wenn auch leeren) marmornen Rittergräbern, ist eines der atmosphärischsten Gotteshäuser der Stadt und Inspiration (und Filmlocation) für Dan Browns „Sakrileg". Der Besuch ist kostenlos, und wer gut vorausplant, kann an jedem Mittwoch zur Mittagszeit auch noch ein Gratis-Orgelkonzert mitnehmen. Eintritt frei | meist nur Mi–So geöffnet, Orgelkonzerte an den meisten Mi 13.15–13.45 Uhr | Temple Place, Temple Church | Tel. 73 53 34 70 | www.templechurch. com | U-Bahn: Temple | City

MUSEEN

BRITISH LIBRARY 🐷 [124 A3] In T

„Das Wissen der Welt" verbirgt sich hinter der Backsteinfassade der Nationalbibliothek, und in der interaktiven Sir John Ritblat-Gallery sehen Sie gratis Texte, die Geschichte geschrieben haben: die Magna Carta, Gutenberg-Bibel, Leonardos Notizbücher, Shakespeares First Folio-Ausgabe, dazu außerdem Beatles-Aufnahmen zum Reinhören. Übrigens: das kleine feine King's Place

CLEVER!

> Gratis-Filme von Krimi bis Comedy

„Brit Film on Demand" am Themse-Ufer – die Mediathek des British Film Institute (Di 13–20, Mi–So 11–20 Uhr, Belvedere Road, South Bank, Tel. 79 28 35 35, www.bfi.org.uk, U-Bahn: Waterloo, South Bank) bietet individuellen und komplett kostenlosen Zugang zu einem riesigen Katalog v. a. britischer Archivfilme aus Bereichen wie Thriller, Soziodrama, Comedy. Melden Sie sich am besten vorher telefonisch an – der Service ist sehr beliebt.

> www.marcopolo.de/london

KULTUR & EVENTS

um die Ecke *(90 York Way)* bietet Gratis-Ausstellungen und Klassikkonzerte unter £ 10. *Eintritt frei | Mo, Mi–Fr 9.30–18, Di bis 20, Sa bis 17, So 11–17 Uhr | 96 Euston Road | Tel. (0) 19 37/54 60 60 | www.bl.uk | U-Bahn: King's Cross/St Pancras | King's Cross*

BRITISH MUSEUM 🐷 [132 A1]

Die Mutter aller Londoner Museen, prall gefülltes Haus der Weltkulturen, ist immer noch wunderbar kostenfrei – hier könnten Sie Tage verbringen, ohne sich zu langweilen. Die Homepage bietet wertvolle Infos für Besucher, die wissen wollen, wie sie ihre Zeit am besten anlegen sollen, u. a. mit dem Rosetta Stone, den kontroversen Elgin Marbles vom Parthenon und dem Sutton Hoo-Schatz. Unter dem Stichwort „Free Tours & Talks" finden Sie zudem eine Liste aller Gratis-Führungen und -vorträge. Und alle zwei Wochen können Sie im British Museum zwischen 14 und 15 Uhr eine japanische Teezeremonie erleben und Tee trinken. *Eintritt frei | tgl. 10–17.30 Uhr | Tel. 73 23 82 99 | www.britishmusuem.org. | U-Bahn: Russell Square | Bloombury*

GEFFRYE MUSEUM 🐷 [126 B3]

Wie lebten die alten Londoner? Auf was für Stühlen saßen sie, was für Gardinen hingen vor ihren Fenstern, wie schliefen und aßen sie? Die elf Räume dieses spannenden Museums zeigen Ihnen kostenlos die Wohnverhältnisse der Londoner Mittelschicht über vier Jahrhunderte, von einer eichengetäfelten „Hall" von 1600 über Wohnzimmer aus dem 18. Jh. bis zum Loft-Living um die Jahrtausendwende. Zwischen April und Oktober gibt's dazu noch einen Kräutergarten und vier chronologisch angeordnete Hausgärten der Londoner Mittelschicht zu sehen. Der Shop bietet interessante Kleinigkeiten und Souvenirs für wenig Geld und das Café hat einen coolen, aber sehr freundlichen Charme. *Eintritt frei | Di–Sa 10–17, So 12–17 Uhr | 136 Kingsland Road | Tel. 77 39 98 93 | www.geffryemuseum.org.uk | U-Bahn: Hoxton | Shoreditch*

GUILDHALL ART GALLERY & ROMAN AMPHITHEATRE 🐷 [133 F2]

Die Guildhall war die Schaltzentrale des mittelalterlichen London, aber die Geschichte dieses Ortes reicht weit in die römische Ära zurück. Die

Kunstsammlung – Londoner Ansichten, Portraits und eine monumentale Schlachtszene von John Singleton Copley – lohnt den Besuch, aber das Glanzstück sind die Überreste des römischen Amphitheaters. Planen Sie Ihren Besuch für Freitag, da ist der Eintritt umsonst! *Mo–Do £2.50, Fr ganztags und an anderen Wochentagen ab 15.30 Uhr gratis | Mo–Sa 10–17, So 12–16 Uhr | Guildhall Yard (Gresham Street) | Tel. 73 32 37 00 | www.cityoflondon.gov.uk | U-Bahn: Bank, St Paul's, Moorgate | City*

MUSEUM OF LONDON 🐷 [133 E2]

Wandern Sie durch die Geschichte Londiniums in diesem hervorragenden Gratis-Museum und blicken Sie auf Überreste der römischen Stadtmauer, das London der Angelsachsen und der Tudor-Dynastie bis zur modernen Olympiastadt von heute. Das visuelle Paradestück des Museums ist die restaurierte goldene Lord Mayor's-Kutsche, gezimmert Mitte des 18. Jahrhunderts. Checken Sie die Homepage für kostenlose Musik, Vorträge und Ausstellungen und la-

Zeigt auch Installationen und skurrile Skulpturen: Natural History Museum

den Sie die kostenlose „Street Museum"-3D-iPhone-App runter: 200 interessante Bilder von London gestern und heute im direkten Vergleich. *Eintritt frei | tgl. 10–18 Uhr | 150 London Wall | Tel. 70 01 98 44 | www. museumoflondon. org.uk | U-Bahn: Barbican | City*

MUSEM OF LONDON DOCKLANDS 🐷 [145 D2]

Das Zwillingshaus des Museum of London in einem ehemaligen Zuckerspeicher aus dem frühen 19. Jh. zeigt spannend und interaktiv die ereignisreiche Geschichte des Themse-Flusses und des Hafenviertels sowie Londons wenig ruhmreiche Rolle im transatlantischen Sklavenhandel. Der Rundumschlag über 2000 Jahre – römische Amphoren, Piraten-Käfige und Bombenbunker – kostet rein gar nichts, dazu laufen mittwochs und samstags zwischen 15 und 16 Uhr lockere „Highlights"-Führungen. Am stilvollsten fahren Sie mit einem Thames Clipper-Boot in Canary Wharf Pier ein (von Bankside oder Maritime Greenwich Pier); mit Ihrer Travelcard gibt's Rabatt. *Eintritt frei | tgl. 10–18 Uhr | West India Quay | Tel. 70 01 98 44 | www.museumin docklands.org.uk | U-Bahn: Canary Wharf, West India Quay (DLR) | Canary Wharf*

NATIONAL GALLERY 🐷 [131 F4]

Kostenlos ist der Eintritt zu einer der wichtigsten Sammlungen westeuropäischer Meisterwerke der Malerei zwischen dem 13. und dem 19. Jahrhundert, mit Botticellis, Rembrandts und Van Goghs, aber auch einigen weniger bekannten neuen Entdeckungen. Schließen Sie sich einer der täglichen Führungen mit Infos zu einem halben Dutzend Highlights (um 11.30 und 14.30 Uhr) an; die kosten nichts. Und versäumen Sie nicht die Nachbar-Institution National Portrait Gallery *(www.npg. org. uk)*, spannend und ebenfalls frei! *Eintritt frei (außer Sonderausstellungen) | tgl. 10–18, Fr bis 21 Uhr | Trafalgar Square | Tel. 77 47 28 85 | www.nationalgallery. org.uk | U-Bahn: Charing Cross | Covent Garden*

NATURAL HISTORY MUSEUM 🐷 [137 F2]

Ebenfalls umsonst ist der Eintritt zum naturhistorischen Museum, das mit seiner imposanten Backsteinfassade schon von außen ein Augen-

schmaus ist. Die Früchte der Sammel- und Klassifizierleidenschaft der Briten werden flankiert von Installationen mit Dinosauriern. Jüngst eröffnete das Darwin Centre im „Cocoon" mit interaktivem Blick hinter die Kulissen. Neu seit Anfang 2011: die „Images of Nature"-Galerie mit tollen Fotos und Gemälden und ein täglich gezeigter interaktiver Film über Evolution, in dem prähistorische Tiere lebendig werden – beide Attraktionen gibt's ebenfalls umsonst. *Eintritt frei (außer Sonderausstellungen) | tgl. 10–17.50, am letzten Fr des Monats (außer Dez.) bis 22.30 Uhr | Cromwell Road | Tel. 79 42 50 00 | www.nhm.ac.uk | U-Bahn: South Kensington, Gloucester Road | South Kensington*

PHOTOGRAPHERS GALLERY 🔊 [131 E2]

London ist eine höchst fotogene Stadt – auf Photosharing-Websites wie *www.flickr.com* können Sie Ihre eigenen Perspektiven umsonst einem globalen Publikum vorstellen. Seit Mai 2012 ist Londons größte öffentliche Galerie für Fotokunst wieder in ihre alte, nun voll renovierte Heimat zurückgekehrt und zeigt auf drei Stockwerken die ganze Spannbreite von historischen Momenten aus dem Archiv über die Bewerber um den „Deutsche Börse Photography Prize" bis zur aktuellen Digitalkunst. In regelmäßigen Abständen können angehende Fotografierkünstler beim „Portfolio Day" für £ 10 einem etablierten Kurator ihre eigenen Werke zeigen. *Eintritt frei | 16-18 Ramillies Street | Tel. 70 87 93 00 | www.thephotographersgallery.org.uk | U-Bahn: Oxford Circus | Soho*

ROYAL ACADEMY OF MUSIC 🔊 [122 C5]

Erstaunlich wenige Touristen verirren sich in das Museum der Königlichen Musikakademie, einen Geigenwurf von Madame Tussauds entfernt. Der Eintritt zu dieser Sammlung europäischer und internationaler Instrumente vom 15. Jh. bis heute (inklusive wunderschön gemaserter Stradivari-Geigen) ist kostenlos. Dazu gibt es CDs zum Reinhören, und wenn man Glück hat, führen zudem während des Semesters Studenten die diversen Klaviere vor. Im Shop gibt's eine gute Auswahl an Naxos-CDs für £ 5.99! *Eintritt frei | Di–Fr 11.30–16.30 Uhr | Marylebone Road | Tel. 78 73 73 73 | www.ram.ac.uk | U-Bahn: Baker Street | Marylebone*

SAATCHI GALLERY 🐷 [138 B4]

Die Galerie zeitgenössischer internationaler Kunst des publicityscheuen britischen Werbemoguls Charles Saatchi hat in Chelsea ihre Heimat gefunden. Spannende internationale Ausstellungen gibt's kostenfrei unter hohen Decken zu bestaunen. Saatchi war der treibende Motor hinter dem „Young British Artists"-Phänomen, 2010 vermachte er die Galerie mitsamt 200 Werken dem britischen Staat, und 2011 stehen „British Art", „Skulpturen" und „Germania – Neue Kunst aus Deutschland" auf dem Programm. *Eintritt frei | tgl. 10–18 Uhr | Duke of York Headquarters, King's Road | Tel. 78 11 30 70 | www.saatchi-gallery.co.uk | U-Bahn: Sloane Square | Chelsea*

SCIENCE MUSEUM 🐷 [137 E/F2]

Der Besuch des Science Museums ist kostenfrei. Wer es schon kennt, sollte trotzdem wiederkommen – seit 2010 hat das Wissenschaftsmuseum u. a. die neue, dem Klimawandel gewidmete Galerie „Atmosphere: Exploring Climate Science". Starexponat ist ein antarktischer Eisblock, der Luftblasen aus dem Jahr 1410 umschließt. So können Klimaforscher die Wetterbedingungen von vor 600 Jahren erforschen und vor allem den Wandel nachvollziehen. Originelle, günstige Souvenirs im Giftshop. *Eintritt frei (außer Sonderausstellungen) | tgl. 10–18 Uhr | Exhibition Road | Tel. (0)870/87 04 8 68 oder 79 42 40 00 | www.sciencemuseum.org.uk | U-Bahn: South Kensington | South Kensington*

TATE BRITAIN 🐷 [140 A4]

Fünf Jahrhunderte britischer Top-Kunst werden Ihnen im ältesten Tate-Museum kostenlos präsentiert – vom Tudor-Porträt über Francis Bacon und David Hockney zu Damien Hirst. Noch mehr Kostenloses: werktags um 11, 12 und 15 Uhr sowie am Wochenende (12 und 15 Uhr) ==führt== **Insider Tipp** ==Sie ein Experte zu den Highlights der Sammlung,== werktags um 14 Uhr noch zu Turner & den Romantikern. Logistischer Tipp: Wer in der Gegend der Houses of Parliament ist, braucht gar nicht die U-Bahn zu nehmen – an der Themse entlang ist man zu Fuß in einer Viertelstunde dort. Das Café ist wie alle Museumscafés leider recht teuer. *Eintritt frei (außer Sonderausstellungen) | tgl. 10–18, Fr bis 22 Uhr | Millbank | Tel.*

78 87 88 88 | www.tate.org.uk | U-Bahn: Pimlico | Pimlico

TATE MODERN 🐷 [133 E4]

Seit ihrer Eröffnung ist die Tate Modern ein absoluter Publikumsmagnet – und wer die Fülle der großen Namen zum Nullkommanichts-Tarif abklappert, wird das sofort verstehen. Alle paar Monate füllt ein anderer Künstler die riesige Turbine Hall mit einem großen künstlerischen Statement. Gratis-Führungen zwischen 11 und 15 Uhr erschließen die vier großen thematischen Bereiche mit ihren Beuys, Miró, Picasso u.v.m.. Tipp für Kunstfreunde, die beide „Tates" mitnehmen wollen: mit Ihrer Travelcard kostet die einfache Fahrt auf dem gepunkteten „Tate-to-Tate"-Katamaran (ein Boot, das alle 40 Minuten die beiden Galerien verbindet) nur £ 3.35 statt £ 5. *Eintritt frei (außer Sonderausstellungen) | tgl. 10–18, Fr und Sa bis 22 Uhr | Tel. 78 87 88 88 | www.tate.org.uk | U-Bahn: Southwark, St Paul's | Bankside*

VICTORIA & ALBERT MUSEUM 🐷 [137 F2–3]

Auch im weltgrößten Museum für Angewandte Kunst ist der Eintritt frei – und auch hier kann man zwischen Skulpturen und Mobiliar, Mode und Porzellan, Theatersammlung und religiöser Kunst, Schmuck- und Fotografie-Abteilung ganze Tage verbringen. Täglich gibt's eine Gratis-Einführungstour *(10, 12, 13, 15.30 Uhr)* und um 11.30 Uhr eine Gratis-Tour der neuen Mittelalter- und Renaissance-Galerien. *Eintritt frei (außer Sonderausstellungen) | 10–17.45, Fr manche Galerien bis 22 Uhr | Cromwell Road | Tel. 79 42 20 00 | www.vam.ac.uk | U-Bahn: South Kensington | South Kensington*

WHITE CUBE GALLERY [134 C2]

Berühmte Künstler wie Damien Hirst, Antony Gormley und Tracey Emin haben die Galerie in den 1990er Jahren populär gemacht. In dem vom Architekten Claudio Silvestrin gestalteten, auffällig weißen Kubus gibt es 🐷 kostenfrei hauptsächlich zeitgenössische Kunst von jungen Briten zu sehen, die sich international einen Namen gemacht haben. *Eintritt frei | Di–Sa 10–18 Uhr | 48 Hoxton Square | Tel. 79 30 53 73 | www.whitecube.com | U-Bahn: Old Street | Shoreditch*

KULTUR & EVENTS

OPER

ENGLISH NATIONAL OPERA [132 A4]

Die große, wunderschöne Repertoire-Bühne versteht sich als demokratischer Kulturagent – so beginnen Ticketpreise für die in Englisch gesungenen Klassiker (übertitelt) und neuen Werke schon ab £23 („Balcony" oder „Upper Circle" ab £21) für Studenten und Unter-30-Jährige. Gratis-Podcasts auf der Website! *Eintritt ab £16 | The Coliseum, St Martin's Lane | Tel. (0)871/911 02 00 | www.eno.org | U-Bahn: Charing Cross | Covent Garden*

ROYAL OPERA HOUSE [132 A–B2]

Das offene Geheimnis günstigerer Tickets für Aufführungen von Royal Opera (meist mit englischen Übertiteln) und Royal Ballet ist: so schnell wie möglich buchen, um die 400 Tickets gehen für £6 bis £30 weg, die Hälfte von denen wiederum unter £10. Am Vorstellungstag selbst stehen Sparfüchse weit vor der Öffnung des Box Office um 10 Uhr morgens für die 67 Day Seats ab £20 an (mit beschränktem Blick); für die Stehkarten (£10 to £15) sollten Sie sich auf 8-Uhr-Anstehen einstellen. Ansonsten: einen Blick in die dramatische Floral Hall werfen kostet nichts. Übrigens: typisch fürs lockere, kulturdemokratische London gibt es keine Kleiderordnung, Jeans u.ä. sind absolut o.k. *Eintritt ab £6 | Bow Street | Tel. 73 04 40 00 | www.roh. org.uk | U-Bahn: Covent Garden | Covent Garden*

THEATER

BATTERSEA ARTS CENTRE [144 C3]

„Unsere Mission ist es, die Zukunft des Theaters zu erfinden", so heißt hier das Motto – bei den alternativen, zeitgenössischen Produktionen in einem ehemaligen Südlondoner Rathaus fühlen Sie das kreative Potenzial Londons. Die soziale Ader dieses Schauspielhauses drückt sich aus in „Pay-What-You-Can"-Tickets, wobei Sie zahlen, was Sie können. Meistens sind diese Vorstellungen an einem Dienstag. *Eintritt ab „nach Belieben" bis £25 | Lavender Hill | Tel. 72 23 22 23 | www.bac.org.uk | U-Bahn: Clapham Junction oder Stockwell, dann Bus Nr. 345 | Battersea*

GATE THEATRE [128 C4]

Dieses kleine, aber feine und international orientierte Theater bietet eine Reihe von Spar-Optionen. Unter-30-

Jährige können £5-Tickets für die Preview-Vorstellungen neuer Produktionen ergattern, einfach auf die Website schauen und mailen. Karten für die ersten drei Vorstellungen eines neuen Stücks werden für £8 verkauft, und montags wird ein kleines Kontingent „Pay-What-You-Can"-Tickets zur Verfügung gestellt – das heißt, Sie zahlen nur genau so viel, wie Sie gerade können (es gibt lediglich ein Ticket pro Person, im Verkauf ab 18.30 Uhr im Foyer)! *Eintritt teils „frei nach Belieben" | 11 Pembridge Road | Tel. 7229 0706 | www.gatetheatre.co.uk | U-Bahn: Notting Hill Gate | Notting Hill*

KING'S HEAD [125 D1]

Das älteste Pub-Theater der Stadt im Hinterzimmer eines viktorianischen Lokals hat nicht nur einen guten Ruf, bei den häufigen Lunchtheater-Vorführungen zeitgenössischer und adaptierter Klassiker werden Sie hier auch lediglich £5 los. Es gibt zudem Oper und Musicals zu reellen Preisen (£15). Im Pub läuft an vielen Abenden Live-Musik ab 19.30 oder 21.30 Uhr, bei freiem Eintritt. *Eintritt Pub frei, sonst ab £5 | Pub Mo–Sa 9–18, Vorstellungen 13 und 22 Uhr | 115 Upper Street | Tel. 7226 8561 | www.kingsheadtheatre.com | U-Bahn: Angel | Islington*

NATIONAL THEATRE [132 C4]

Auf seinen drei Bühnen wagt sich das Nationaltheater am Themse-Ufer auch an so heiße Themen wie die nationale Identität und den Klimawandel heran. Frühbucher ergattern Ti-

CLEVER!

› Schon vor der Premiere ins Theater

Eine gute Sparmöglichkeit beim Londoner Theater sind „Preview"-Vorab-Vorstellungen, bei denen Sie Stücke in Arbeit als „work in progress" sehen. Wenn der Premieren-Vorhang aufgeht, haben sich vielleicht ein paar Dinge geändert, aber wenig an der generellen Aussage des Stücks. Über den Link *www.official londontheatre.co.uk/london_shows/ shows-in-preview/* bekommen Sie einen Überblick über das Dutzend Vorstellungen, für die es Preview-Tickets gibt.

ckets ab £12, und pro Jahr bieten vier Produktionen auf der Olivier-Bühne TravelEx-Preise für 12, 20 und £30. Stehplätze (£5) gibt es allerdings nur, wenn alle anderen Plätze ausverkauft sind; für diese wie auch für die 30 Day Seats pro Produktion stellt man sich teils weit vor Kassenöffnung um 9.30 Uhr in die Schlange. Neben Gratis-Kunst- und Fotoausstellungen wird im Foyer vor den Vorstellungen Gratis-Musik geboten. Im Sommer gibt's draußen auf dem Vorplatz kostenlose Darbietungen wie Filme, Musik und Comedy. *Eintritt teils frei/Tickets ab £12 | Upper Ground | Tel. 74 52 30 00 | www.na tionaltheatre.org.uk | U-Bahn: Waterloo oder Westminster, dann über die Brücke | South Bank*

ROYAL COURT THEATRE [138 C3]

Der Heilige Gral der Londoner Theatersparer ist das halbe Dutzend Stehplatz-Tickets für zehn P e n c e – jawohl, Pence und nicht Pfund – für die Jerwood Space-Produktionen des so coolen wie innovativen Royal Court Theatre. Diese Tickets (es gibt nur eins pro Person) gehen eine Stunde vor Vorstellungsbeginn in den Verkauf, für beliebte Shows sollte man noch einmal eine Stunde dazugeben. Realistischer sind die Chancen für die Montags-Tickets für £10 – auch nicht so schlecht. Achtung: wer außerhalb der Öffnungszeiten des Box Office anruft, muss über eine Agentur buchen, was dann gleich £2 mehr kostet. *Eintritt ab £0.10 | Sloane Square | Tel. 75 65 50 00, www.royalcourttheatre. com, U-Bahn: Sloane Square, Chelsea | St. Georg*

SHAKESPEARE'S GLOBE THEATRE [133 E4]

Im rekonstruierten Globe-Theater zahlen Sie als sogenannter „Groundling" nur £5 pro Stehplatz für ein Stück von Shakespeare bzw. aus seinem dramatischen Umfeld. Heimlich hinsetzen gilt nicht, aber das Ganze ist ein wirklich tolles, authentisches Theatererlebnis zu einem Superpreis. Und auch tagsüber lohnen sich die £13.50 für den Besuch des Theaters und der Ausstellung für echte Theaterfans auf jeden Fall. *Eintritt ab £5 | Mitte Apr.–Mitte Okt. | 21 New Globe Walk | Tel. 74 01 99 19 | www.shake speares-globe.com | U-Bahn: Mansion House, London Bridge | Bankside*

Mehr Erleben zu kleinen Preisen oder ganz kostenlos, das ist in dieser Stadt einfacher, als manch einer denkt. Es gibt zum Beispiel Möglichkeiten, die hohen Eintrittspreise für Londoner Klassiker wie St Paul's & Co. elegant zu umgehen *(S. 41)*. Wer einfach nur durch die City of London spaziert, bewegt sich durch 2000 Jahre spannende architektonische Stadtgeschichte, von den alten Römern bis zur zeitgenössischen Architektur – gratis natürlich. **Das südliche Themse-Ufer bietet sich ebenfalls an für einen geschichtsträchtigen Spaziergang** vorbei an Shakespeares Theater, dem berühmtesten Gour-

Insider Tipp

met-Markt der Stadt und einem der besten Gratis-Museen, der Tate Modern. Schnäppchenjäger sollten sich unbedingt schon vor Abflug kostenlos bei Coupon-Seiten wie *www.groupon.co.uk* und *www.befreishop.co.uk* registrieren. So flattern Ihnen jeden Tag Sparangebote für Aktivitäten in die Mailbox, mit Rabatten von bis zu 90 Prozent. Immer eine gute Spar-Idee ist es, Ihre Destination in die britische Version von Google einzugeben *(www.google.co.uk)*: oft erscheint dann direkt ein Link zu dem passenden Discount/Voucher (z.B. bei *www.smartsave.com* oder *www.lastminute.com*).

MEHR ERLEBEN

ACTION & GENUSS
FRIDAY NIGHT SKATE / SUNDAY STROLL 🐷

Jeden Freitag schnüren sportliche Londoner die Inlineskates und Rollschuhe und fahren beim Friday Night Skate, kurz LFNS, durch die Abendsonne. Am Sonntag trifft sich die langsamere Brigade für einen gemütlichen Sonntags-„Spaziergangs"-Skate. Teilnahmevoraussetzung für beide Events ist, dass Sie anhalten, die Kurve kriegen und Ihr Tempo kontrollieren können, wenn es bergab geht. Kinder unter Aufsicht dürfen auch mitfahren. Die Sache ist natürlich wetterabhängig, Mitte der Woche wird jeweils online die aktuelle Route publiziert, und ein paar Stunden vor Beginn des Skate kann man auf der Webseite sehen, ob das Ding läuft. Die Teilnahme ist gratis, einziger Kostenpunkt: der Skate-Verleih *(www.slickwillies.co.uk)*, aber mit £ 10 hält sich die Sache in Grenzen. Tipp: auf *www.freeskatelesson. co.uk* können Sie sich nach Gratis-Unterrichtsstunden umsehen. *Teilnahme gratis | Friday Night Skate: Fr 20 Uhr | Startpunkt Wellington Arch, Hyde Park Corner* **[138 C1]***; Sunday Stroll: So 14 Uhr | Treffpunkt Serpentine Road, Hyde Park | www.lfns.co.uk | U-Bahn: Hyde Park Corner* **[130 A5]** *| Hyde Park*

Inside Tipp!

GOLF   **[145 D2]**
Welcher Sport könnte britischer sein als Golf? In London spielt nicht nur die Upper Class, hier ist Golf Volks-

sport – ein Grund, das mal selbst zu probieren. Golf ist auch eine der vielen Sportarten, die man in der riesigen Naturlandschaft des Lee Valley ausüben kann. Die Preise sind günstig: Ab £6 sind Sie auf diesem 18-Loch-Green dabei! *Green Fees zwischen £6 und £7.50 | je nach Wochentag und Tageszeit, tgl. zwischen 8 und 9.30 Uhr bis Einbruch der Dämmerung | Waterworks Nature Reserve, Lee Valley Regional Park, Lammas Road, off Lea Bridge Road | Tel. 8988 7566 | www.leevalleypark.org. uk | U-Bahn: Walthamstow, Leyton, dann Busse | Leyton*

LAUFTREFF [131 D2]

Jeden Dienstag um 18.30 Uhr trifft sich der gemischte NikeTown Runners Club für einen Lauf zum Regent's Park am Nike Town, dem auf Laufbedarf spezialisierten Shop des bekannten Sportausrüsters. Sie haben die Wahl zwischen drei, vier oder sieben Meilen (eine Meile = 1,6 km), die Gruppen werden geleitet von ausgebildeten sogenannten Nike Pacesetters, die das Tempo vorgeben. Montags ist exklusiver Frauen-Lauftreff. *Teilnahme gratis | Treffpunkt: Erdgeschoss Nike Town, 236 Oxford Street | Tel. 7612 08 00 | www.nikerunning.com | U-Bahn: Oxford Circus | Soho*

RASENBOWLEN [133 F1–2]

Für ganze £4 können Sie den typisch englischen Sport des Lawn Bowling ausprobieren, und zwar auf dem Finsbury Circus, einer hübschen grünen Oase nahe der zentralen Liverpool Street Station. Sechs Bahnen stehen zur Verfügung, und Ihr Bowlingball-Verleiher kann die Regeln erklären – im Grunde geht es darum, mit leicht asymmetrischen Kugeln eine kleinere, weiße Kugel zu treffen. Sie sollten flache Schuhe tragen oder barfuß spielen. Achtung: der Platz wird evtl. von Bauarbeiten für das Crossrail-Infrastrukturprojekt betroffen, vorher checken. *Nur im Sommer | Finsbury Circus | Tel. 7628 29 82 | www.cityoflondonbc.co.uk | U-Bahn: Liverpool Street | City*

THE BOOK CLUB [126 A4]

Ein neues Konzept für Geist und Genuss: Auf zwei Stockwerken eines ehemaligen viktorianischen Lagerhauses wird bei Cocktails und Kanapees zu günstigen Preisen im abgefahrenen Dekor das Gehirn genährt.

Es gibt jede Menge Workshops, Lesungen, Kunst und Kultur, Parties und interessante neue Musik. Wer etwas trinkt, spielt umsonst Tischtennis (dienstags gibt's ein Tischtennis-Turnier, das ein, zwei Pfund Teilnahmegebühr kostet). Der Book Club öffnet schon früh: Sie können wunderbar abhängen, Gratis-WLAN nutzen, und eine Runde Pool spielen kostet £1. *Eintritt meist frei | Mo–Mi 8–0, Do und Fr 8–2, Sa 10–2, So 10–0 Uhr | 100 Leonard Street | Tel. 76 84 86 18 | www.wearetbc.com | U-Bahn: Shoreditch High Street, Old Street | Shoreditch*

Lockt mit Kunst, Kultur und gemütlichen Runden: The Book Club

GRÜNES LONDON

HAMPSTEAD HEATH [144 C2]

Der wilde Park Hampstead Heath ist die grüne Lunge Nordlondons, mit literarischen und kulturellen Einsprengseln, die zu entdecken sich lohnt. Jogger, Hundebesitzer und Familien lieben den Heath, und von Parliament Hill haben Sie einen schönen Blick über die Londoner Skyline – alles völlig gratis. Das wunderschöne Kenwood House wird bis Herbst 2013 renoviert. Eine kleine Ausstellung dazu kann im Mansion House kostenfrei besichtigt werden *(Hampstead Lane, Tel. 83 48 12 86, www.english-heritage. org.uk)*. Zwischen Mai und September bieten die Bathing Ponds an der Ostseite des Parks und das Parliament Hill Lido-Freibad Abkühlung, Eintritt £ 2. *Park-Eintritt frei | tgl. bis Einbruch der Dunkelheit | U-Bahn: Hampstead | Hampstead*

HIGHGATE CEMETERY [144 C2]

Gut angelegt sind die £ 3 Eintritt zu diesem faszinierenden Friedhof voller berühmter Persönlichkeiten (u.a. George Eliot, Douglas Adams) zwi-

CLEVER!

> *Englisch lernen und Spaß haben*

„Do you speak English?" Klar, irgendein Englisch sprechen wir wohl alle, aber ob es zum fortgeschrittenen Englisch „for runaways" reicht? Die Webseite *www. languagecourse.net* hat ein TripAdvisor-ähnliches System und günstige Angebote. Preislich kann sich ein Englischkurs für Ihren Londonaufenthalt durchaus lohnen, da die Veranstalter Rabatte auf Zimmer vermitteln und Sie morgens Ihr Englisch verbessern, nachmittags Sightseeing machen und abends mit neuen Freunden feiern können. Auf Webseiten wie *www.conversationex change.com* oder *www.totalingua.com* finden Sie Sprachaustauschpartner, sowohl virtuelle als auch echte. Die English-Studio-Sprachschule bietet die erste Schnupperstunde („Free Trial Lesson") gratis an. Am besten anrufen *(Mo-Fr 8.45–20.15 Uhr, Zentrale: 113 High Holborn, Tel. 74 04 97 59, U-Bahn: Holborn, Holborn)* oder am Tag vorher einfach mal vorbeikommen.

schen Gedenksteinen, Mausoleen, Grabkreuzen und uralten Bäumen. Man sollte unbedingt auch den westlichen, älteren, überwucherten Teil besichtigen, der allerdings nur mit Führung (£ 7) zugänglich ist. *Eintritt £ 3–£ 7 | West Cemetery Tours März–Nov. Mo–Fr 14, Sa und So Nov.–Feb. stündl. 11–15, März–Okt. bis 16 Uhr, East Cemetery Mo–Fr 10–16 (Winter) bzw. 17 (Sommer), Sa und So ab 11 Uhr | Swain's Lane | Tel. 83 40 18 34 | www.highgate-cemetery.org | U-Bahn: Archway | Highgate*

HYDE PARK [129 E–F4–5/130 A/B4–5]

Spaziergänge in Londons größtem Park mit seinen schönen alten Bäumen und Skulpturen kosten nichts und wer möchte, darf am Speakers' Corner am nordöstlichen Ende (v. a. sonntags) zum Weltfrieden, zur Umkehr oder gegen den Kapitalismus aufrufen *(www.speakerscorner.net).* Die Preise für das Serpentine Lido-Outdoor-Bad *(geöffn. im Mai an Wochenenden, 1. Juni–12. Sept. tgl. 10–18 Uhr, Tel. 77 06 34 22)* und den Kinderpool sind bei einem Erwachsenen-Ticketpreis von £ 4 (Familienticket £ 9) im grünen Bereich, und wer nach 16 Uhr kommt, zahlt ein Pfund weniger. *www.royalparks.gov.uk/Hyde-Park | U-Bahn: Hyde Park Corner | Hyde Park*

QUEEN'S PARK [120 A2]

Mal was ganz anderes – und garantiert touristenfrei: Für ganze £ 5 (im Sommer £ 8) können Sie im Queen's Park im Nordwesten der Stadt ein Zirkel-Fitnesstraining absolvieren. Sie erinnern sich vielleicht noch an die Schule: Medizinbälle, Sprints und Mini-Hürden … aber in kleinen Gruppen ohne militärisches Kommando und für alle Körperformen macht das Spaß. Bei Regen gibt's auch einen Plan B fürs Training unter Dach. *Teilnahme £ 5/8 | Mo–Do 7–8, 19–20 und 20–21, Sa 9–10, 10–11, So 9–10 Uhr | Tel. 89 69 21 01 | www.mattsmarttraining.co.uk | U-Bahn: Queen's Park | Queen's Park*

KLASSIKER GÜNSTIG

BUCKINGHAM PALACE 🐷 [139 D–E1]

Die Eintrittspreise für die offizielle Londoner Residenz des britischen Monarchen sind gesalzen (Erw. ab £ 17), aber es kostet Sie keinen Pence, durch den St James's-Park zur barocken „Hochzeitstorten"-Statue von Königin Victoria (1819–1901)

und zu den vergoldeten Toren zu schlendern. Budget-Traveller können zudem die 45-minütige Wachablösungszeremonie der Soldaten in ihren scharlachroten Uniformen und hohen Bärenfellmützen auf dem Vorplatz des Palasts kostenlos mitnehmen. Das beste Foto des Anwesens (mit Wasserspiegelungs-Effekt) schießt sich übrigens von der Brücke über den See im St James's Park. *Wachablösung gratis (Mai–Juli tgl., im Winter an wechselnden Tagen) um 11.30 Uhr | Tel. 77 66 73 00 | www. royal.gov.uk, www.royalcollection. org.uk, www.changing-of-the-guard. com | U-Bahn: Victoria | St James's*

CHAPEL ROYAL 🐷 [131 E5]

Insider Tipp

Nur wenige wissen, dass ein Teil des St James' Palace, die Hauptresidenz von Prince Charles, der Öffentlichkeit zugänglich ist, allerdings nur sonntags für zwei Gottesdienste – eine wunderbare Gelegenheit, das Establishment der anglikanischen Staatskirche im intimen Rahmen zu erleben. Zwischen Ostersonntag und dem letzten Sonntag im Juli werden die Gottesdienste in der von Inigo Jones entworfenen Queen's Chapel gegenüber abgehalten. *So vom 1. So im*

Okt. bis Karfreitag, 8.30 und 11.15 Uhr | Chapel Royal |www.royal. gov.uk | U-Bahn: Piccadilly Circus | Green Park | Achtung: keine Gottesdienste im Aug./Sept.

HOUSES OF PARLIAMENT 🐷 [140 A2]

In diesem monumentalen Komplex tagt das britische Parlament, Besucher dürfen die Debatten kostenlos mitverfolgen – die Schlangen am Eingang können allerdings lang sein. Im August und September gibt es sogar deutschsprachige Touren, allerdings ist das mit £ 14 sehr teuer. Heißer Tipp: Wer mit dem Montags-Walk „Old Westminster by Gaslight" (www.walks.com) unterwegs ist, hat eine gute Chance, eine parlamentarische Sitzung mitzubekommen – ein Bonus für die £ 9 (Kinder unter 15 Jahren zahlen nichts) Kosten. Eine Alternative, von der nur wenige Besucher Gebrauch machen, ist der Besuch des Jewel Tower *(tgl. 10–17 Uhr, Abingdon Street, Tel. 72 22 22 19, www.english-heritage. org.uk)* gegenüber den Houses of Parliament aus der Mitte des 14. Jhs. Unter der gotischen Tonnendecke sehen Sie für £ 3.50 eine faszinierende Ausstellung über die Geschichte des

Parlaments. *Zutritt zu Debatten gratis | Auskunftsbüros House of Commons-Unterhaus Tel. 72 19 42 72 | House of Lords-Oberhaus Tel. 72 19 31 07 | www.parliament.uk | U-Bahn: Westminster | Westminster*

MADAME TUSSAUDS [122 C5]

Wer Madame Tussauds Wachsfiguren partout einen Besuch abstatten will, sollte sich zumindest kurz fassen: Mit dem Late Saver Ticket kommen Sie eine Stunde vor Toresschluss um 50 Prozent billiger (£ 15) in das berüchtigt teure Kabinett. Außerdem sollten Sie unbedingt online vorbestellen, macht 25 Prozent Ermäßigung und erspart das Anstehen. Wer mehr Zeit braucht, um sich mit Barack Obama oder Lady Gaga ablichten zu lassen, kann unter *www.daysoutguide.co.uk* zwei Tickets für den Preis von einem erstehen. *Verbilligter Eintritt £ 15 | wechselnde Öffnungszeiten | Marylebone Road | Tel. (0)87 18 94 30 00 | www.madametussauds.com | U-Bahn: Baker Street | Marylebone*

MONUMENT [134 A3] *Insider Tip*

Der Aufstieg auf das berühmte, kürzlich rundum restaurierte „Monu-

---

CLEVER!

> Sprachaustausch mit Sozialkontakten

Sind Sie allein in London? Auf der Suche nach Gesellschaft, oder einfach nur in der Laune, Ihr Englisch, aber womöglich auch Französisch, Spanisch oder Russisch aufzupolieren? Jeden Mittwochabend trifft sich eine muntere Truppe internationaler Londoner im Herzen der Stadt zum Sprachaustausch: „London Language Exchange & Social" heißt dieser Event *(Mi 18.30–22.30 Uhr, gegenüber von Starbucks und All Bar One,* *101 New Oxford Street, Tel. (0)777/ 857 26 84, U-Bahn: Tottenham Court Road (Exit Centre Point), Soho)*. Einfach hingehen, Schild mit Namen und Sprachen ankleben und rein ins Gemenge. Die Organisatoren sind Julia und Kurt, über facebook bleiben Sie informiert und die Gruppe organisiert auch Tagestrips, Clubnächte, Bowling, Karaoke u.v.m. Für Singles und Pärchen, Alt- und Neu-Londoner. Happy Hour bis 21 Uhr.

> **www.marcopolo.de/london**

ment" kostet relativ wenig und bietet tolle Blicke, und am Ende gibt's sogar ein Zertifikat. Zum Gedenken an das „Great Fire of London" von 1666 entwarf Sir Christopher Wren diese elegante dorische Säule in der Nähe der Bäckerei in Pudding Lane, wo das Feuer seinen Anfang nahm. Heute haben Sie von der höchsten freistehenden Säule der Welt (über 60 m) einen weiten Blick auf die Stadt. Lohnend ist ein £9-Kombiticket für Monument und Tower Bridge Experience *(www.tower bridge.org.uk)*, das Ihnen die Überquerung des Londoner Wahrzeichens auf Glasgängen erlaubt, samt Zutritt zum spannenden Museum zur Geschichte & Technik. *Eintritt £3 | Okt–Mai tgl. 9.30–17.30 Uhr | 18 Fish Street Hill | Tel. 76 26 27 17 | www.themonument.info | U-Bahn: Monument | City*

ROYAL TOUR GRATIS 🐷 [138 C1]

<mark>der Opp</mark> <mark>Jeden Morgen eine Gratistour durch Royal London?</mark> Das Prinzip der Free Tours funktioniert, weil die enthusiastischen Guides auf Trinkgeld-Basis arbeiten. Einfach auftauchen, die Tour läuft das ganze Jahr über und bei jedem Wetter. Treffpunkt zur Gratis-Runde ist um 11 Uhr an Hyde Park Corner, konsultieren Sie die Karte, die Sie von der Website downloaden können. *Royal Tour gratis | tgl. 11 Uhr | www.newlondon-tours.com | U-Bahn: Hyde Park Corner | Westminster*

WESTMINSTER ABBEY & ST PAUL'S 🐷

Die gute Nachricht: Reine Gottesdienste sind in diesen beiden Kirchen umsonst (Details auf den Homepages unter „Daily Services" bzw. „Worship & Music") – mit Eintrittspreisen um die £15 sind die royale Westminster Abbey und die barocke St Paul's sonst reichlich teuer. Diese Kosten kann stilvoll umgehen, wer an einem Chorgottesdienst am Nachmittag teilnimmt. Und noch ein Tipp: <mark>Der Zutritt zum Westminster Abbey Museum in der tonnengewölbten Krypta aus dem 11. Jh. mit Grabfiguren aus Wachs ist komplett kostenfrei.</mark> <mark>Insider Tipp</mark> *Westminster Abbey: Eintritt frei am Mo, Di, Do, Fr 17, Sa 15 bzw. Juni–Sept. 17, So 15 Uhr | Museum tgl. 10.30–16 Uhr | Tel. 72 22 51 52 | www.westminster-abbey.org | U-Bahn: Westminster | Westminster* [140 A2]; *St Paul's: Eintritt frei*

Mo–Fr 17 Uhr | Tel. 72 46 83 57 | www.stpauls.co.uk | U-Bahn: St Paul's | City [133 E3]

WESTMINSTER CATHEDRAL 🐷 [139 E3]

Jeder will in die Westminster Abbey, dabei ist das nahe gelegene katholische Gegenstück, Sitz der Erzdiözese von Westminster und der wichtigsten katholischen Kirche des Landes, kaum weniger beeindruckend. Sowohl das Äußere – rot-weiß gebändert mit Campanile-Glockenturm – als auch die Marmor- und Mosaikdeko im Inneren können sich sehen lassen. Der Eintritt ist frei, nur der Lift hoch auf den Glockenturm (knappe 100 m) kostet £ 5 für einen fabulösen Blick über London. *Eintritt frei | Cathedral Piazza, 42 Francis Street | Tel. 77 98 90 55 | www.westminstercathedral.org.uk | U-Bahn: Victoria | Victoria*

THEMSE-TIPPS ▬▬▬

CABLE CAR

Seit Olympia 2012 ist es möglich, die Themse auch mit einem fantastischen Blick aus der Luft zu überqueren. Die Fluglinie Emirates hatte die Seilbahn gesponsert, die nun dem öffentlichen Verkehr angeschlossen ist. Im Osten von London verbindet sie Nord-Greenwich mit den Royal Docks. Wer bei dieser Gelegenheit auch den nahen Queen Elizabeth Olympic Park, der nach dem Umbau ab Juli 2013 für die Öffentlichkeit zugänglich sein wird, besichtigen möchte, fährt von der Seilbahnstation bis Pudding Mill Lane. *Fahrkarten ab £ 3.20/£ 1.60 | www.tfl.gov.uk | U-Bahn: Royal-Victoria (DLR) | auf der südlichen Seite der Themse North Greenwich*

FLUTBARRIERE [145 D2]

Die zweitgrößte bewegliche Flutbarriere der Welt (Baujahr 1984) überspannt die Themse in Südostlondon und schützt die Stadt gegen solch katastrophale Fluten wie die von 1953. Der Eintritt zum Informationszentrum in Woolwich am Südufer – mit Fotos, Karten, interaktiven Modellen und einem Video – lohnt die £ 3,50 Eintritt. Zudem gibt's preiswerte Snacks mit Blick auf die beeindruckenden Stahlhauben und einen Spielplatz für Kinder. *Eintritt £ 3.50 | 10.30–16.30 (Sommer) und 11–15.30 Uhr (Winter) | 1 Unity Way | Tel. 83 05 41 88 | www.environment-agen*

cy.co.uk | U-Bahn: North Greenwich oder Woolwich Arsenal (DLR), dann Bus | Docklands

WOOLWICH FERRY  [145 D2]

Auf der Gratis-Fähre zwischen Woolwich und North Woolwich (alle 10 bis 15 Min.) zahlt niemand, gemeinsam mit den Dockland-Bewohnern setzen Sie kostenlos über. Die Fähre verbindet Nord- und Südufer der Themse schon seit dem 14. Jh., heute dauert die Fahrt etwa fünf Minuten. Verbinden Sie den Trip gleich mit einem Besuch des Themse-Barrieren-Besucherzentrums (s. S. 42) oder des Royal Artillery-Museums am Südufer oder des neun Hektar großen Thames Barrier Park auf der Nordseite. Überfahrt gratis | Mo–Fr 6–20, Sa 6.10–20, So 11.30–19.30 Uhr | New Ferry Approach | Tel. 88 53 94 00 | www.greenwich.gov.uk | U-Bahn: Woolwich Arsenal (DLR, Südufer), King George V (DLR, Nordufer) | Docklands

Außen üppig, innen prachtvoll: Westminster Cathedral

Dass die Qualität der englischen Küche in jüngster Zeit Riesenschritte gemacht hat, hat sich herumgesprochen. Gut muss auch nicht immer gleich teuer heißen, für zehn Pfund können Sie sehr anständig essen, inklusive Getränk. Ein ordentlicher Lunch für sechs Pfund ist genauso problemlos zu haben. Wichtige Regel für Sparfüchse: Unbedingt „Ethnische Küche" probieren, also vietnamesisches Phô in Dalston, portugiesische Sahnetörtchen um Vauxhall, bengalische Curries in East London – speziell in den unscheinbaren Lokalen isst man gut und günstig. Regel Nummer zwei: Mittagessen ist immer preiswerter, deshalb lieber beim Lunch reinhauen und abends zurückhalten. Suppen mit Brot lohnen sich preislich fast immer, mit vier Pfund sind Sie dabei. Viele Restaurants bieten auch äußerst günstige Pre-Theatre-Menüs an. Pub-Essen, etwas abfällig Pub Grub genannt – also Pasteten, Pommes, Eintopf und Würstchen mit Kartoffelbrei – füllt den Magen, ohne das Portemonnaie allzu sehr zu belasten. Und: Um U-Bahnstationen herum, speziell außerhalb des touristischen Zentrums, finden sich oft günstige Snackbuden mit Pizza für ein Pfund und Stände mit Obst und Gemüse in Ein-Pfund-Schüsseln.

ESSEN & TRINKEN

AFTERNOON TEA ALTERNATIV

MINAMOTO [131 E4]

Für westliche Gaumen mag es der japanischen Patisserie an Zucker und Fett fehlen, aber die Präsentation der kleinen Küchlein aus Reismehl und Bohnenpaste ist superb. Das Beste: Bei der Bestellung eines Gelee-Pfirsich-, Melonen- oder Schokomacaroon-Teilchens oder einer Reismehl-Kräuterpaste gibt es den grünen Tee kostenlos dazu! Setzen Sie sich auf die Bank, genießen die Leckereien und beobachten die Shopper, die draußen vorbeisausen. *Patisserie ab £ 1.20 | Mo–Fr 10–19, Sa bis 20 Uhr | 44 Piccadilly | Tel. 74 37 31 35 | www.kitchoan.com | U-Bahn: Piccadilly Circus | Piccadilly*

VIOLET CAKES [144 C2]

Cupcakes, die kleinen amerikanischen Kuchen mit gedrechselter Zuckergusshaube, sind der aktuelle Darling der Londoner Cafészene. In ihrem hippen, gemütlich-kompakten Ladencafé backt die amerikanische Pastrybäckerin Claire Ptak Cupcakes mit biologischen Zutaten: Valrhona-Schokolade, Salzkaramel, frische Obstpürees. Die Zutaten sind zu teuer und Violet Cakes ist zu trendig, um durchweg billige Angebote machen zu können, aber die Minis mit innovativen Flavours wie Quitte oder Kokos kosten nur 90 Pence und ein kleiner Whoopie Pie, eine Kreuzung zwischen Biscuit und Eiskrem-Sandwich, kommt auf £ 1.50. *Kekse ab 50 Pence, Kaffee £ 2 | Di–Fr 8–18, Sa–*

So 9.30–18 Uhr | 47 Wilton Way | Tel. 83 60 20 10 | www.violetcakes.com | U-Bahn: Hackney Central | Hackney

ZL CAFÉ [131 E3]

Mitten in London kann man einen kleinen Abstecher in ein französisches Caféhaus mit viel Pariser Flair machen. Ein Geheimtipp, denn hier gibt es erstklassigen English Breakfast Tea oder Earl Grey für £ 2, und zwar eine große Kanne voll! Dazu kann man aus der vielfältigen Auswahl an feinstem Gebäck Croissants, Palmiers oder Florentin au Chocolat ab £ 1.50 auswählen. Und in der angeschlossenen Brasserie Zedel, die sehr stilvoll in Art déco eingerichtet ist, werden täglich ab 12 Uhr günstige Festpreis-Menüs angeboten. *Festpreis-Menüs £ 8.75/£ 11.25 | Mo–Fr 8–24, Sa–So 11–24 Uhr | 20 Sherwood Street | Tel. 77 34 48 88 | www.brasseriezedel.com | U-Bahn: Piccadilly Circus | Charing Cross*

CAFÉS

DEPARTURE CAFÉ [145 D2]

Kaffee, Kunst und Kirche – im großzügig angelegten, ruhigen und hellen Departure Café ist jeder willkommen, selbst Leute, die sich einen Tag lang an einem Tee für 60 Pence festhalten wollen (nachgefüllt wird für 30 Pence). Das liegt wohl auch dran, dass der Laden von der London City Mission geleitet wird. In der ehemaligen dänischen Seefahrrermission an der ziemlich abgerissenen Commercial Road wird auch muslimisch korrekte Halal-Küche gereicht – dies ist ein gemischtes Viertel von Arm und Reich, Studenten und muslimischen Einwanderern. Ferner gibt's eine Dachterrasse, Kunst-Workshops, Spieleabende, Töpfern, Filme, Englischkurse, 🐷 Gratis-WLAN und mehr. *Tee 60 Pence, Kuchen ca. £ 1, Lunchsnacks ca. £ 4–5 | Di–Fr 11–21, Sa 10–17 Uhr | 649/651 Commercial Road | Tel. 77 02 88 02 | www.departure14.com | U-Bahn: Limehouse (DLR) | Limehouse*

SANDWICH CENTRE [131 F4]

Hauptsächlich Angestellte aus den umliegenden Büros kommen her, um ihre Mittagspause zu verbringen. Deshalb gibt es eine supergroße Auswahl an Sandwiches, etwa 80 Varianten werden angeboten. Tee gibt's ab 70 Pence, verschiedene Kaffeesorten ab £ 1. Seit 25 Jahren betreibt Herr Aulo in der Royal Opera Arcade,

ESSEN & TRINKEN

Londons ältester Einkaufspassage, sein winziges Café. Touristen verirren sich nur selten hierher, sodass man ganz in Ruhe das Ambiente vergangener Epochen einatmen kann. 1818 wurde der Komplex nach Entwürfen von John Nash erbaut, der auch an der Konstruktion des Buckingham Palace mitwirkte. Heute finden sich hier kleine Spezialgeschäfte und eine Galerie. *Sandwiches zwischen £ 1.70–£ 2.50 | Mo–Fr 7–17 Uhr | 15/16 Royal Opera Arcade | Pall Mall | Tel. 78 39 78 38 | U-Bahn: Piccadilly Circus | Charing Cross*

SCOOTERWORKS [140 C1]

Das Geheimtipp-Nachbarschafts-Café hinter Waterloo Station bietet exzellenten Espresso aus der coolen italienischen 1950er-Jahre-Maschine (£ 1.50) mit selbstgebackenem Kuchen, dazu Drinks zu fairen Preisen – wo kriegt man schon einen Kir für £4? Dazu gibt's Gratis-WLAN und Retro-Sounds und an heißen Tagen zwei Tischchen nach hinten raus. Das Café ist sehr schmal, an der Vespa im Schaufenster lässt es sich aber gut erkennen. *Kaffee und Tee-Auswahl ab £ 1.50, Cocktails £6 | Mo–Do 8.30–*

Cooles Café mit exzellentem Espresso: Scooterworks

23, Fr und Sa bis 0, So 12–22 Uhr | Lower Marsh South | Tel. 76 20 14 21 | U-Bahn: Waterloo | Waterloo

FISH & CHIPS

FINE FISH CO. [132 C5]

Wer auf einen Sitzplatz verzichten kann, findet in der Waterloo Station Londons günstigste Fish & Chips-Bude! Hier gibt's die Snack-Box mit Fritten für £2.75, £4.95 kostet die große mit Stock- und Schellfisch. *Fish & Chips ab £2.75 | Mo–Fr 11–0, Sa 11–23, So bis 22 Uhr | Waterloo Road | www.finefood.co.uk | U-Bahn: Waterloo | Waterloo*

FRYER'S DELIGHT [132 B1]

Dieser traditionelle Chipper in Holborn ist sehr beliebt bei den Londo-ner Taxifahrern, die dicke Chips und robuste gebratene Fische an orangen Formica-Tischen verspeisen. Der Laden ist nichts für Vegetarier: Fisch und Pommes werden nach alter Herren Sitte in Bratenfett präpariert. Die Preise sind fair, und das Beste für Sparer: <mark>Sie können Ihren eigenen Alkohol mitbringen – BYO, „Bring Your Own", ohne Korkgebühr!</mark> *Fish & Chips ca. £7 | Mo–Sa 12–22 (Takeaways bis 23 Uhr) | 19 Theobald's Road | Tel. 74 05 41 14 | U-Bahn: Holborn | Holborn*

INTERNATIONAL

CAMINO [124 A3]

Dieses spanische Bar-Restaurant in einem ruhigen Innenhof einen Steinwurf vom Verkehrsknotenpunkt

CLEVER!

> *Happy Hour im Supermarkt*

Abends ab etwa 18 Uhr verkaufen die beiden großen Supermarkt-Ketten Sainsbury *(www.sainsburys.co.uk)* und Tesco *(www.tesco.co.uk)* frische Ware zu besonders günstigen Preisen – gut für Selbstversorger. Das kann Obst und Gemüse sein, oder auch oft abgepackte Fertigsnacks. Im Zentrum sollten Sie nach Tesco Metro und Sainsburys Local Ausschau halten; auf den Supermarkt-Webseiten zeigt Ihnen der „Store Locator" Filialen auf. Im Laden selbst fragen Sie nach „reduced produce", oft steht da „Reduced to clear".

ESSEN & TRINKEN

King's Cross/St Pancras entfernt bietet eine Frühstückskombi zum angenehmen Preis von £5 für drei Teile, etwa Kaffee, frischer O-Saft, Fruchtsalat, Croissant oder ein leckeres Sandwich. After-Work ist dann eine gute Zeit für günstige Tapas – kleine Bocadillos und eingelegte Oliven für jeweils £2.25, oder eine Käseauswahl mit Quitten-Membrillo. Danach wird's schnell voll, mit DJs am Wochenende. *Frühstücks-Combo £5, Snacks ab £2.25 | Mo–Sa 9–23, So 9–16 Uhr (Bar: Mo–Sa bis 24, So bis 23 Uhr) | 3 Varnishers Yard | Tel. 78 41 73 30 | www. camino. uk.com | U-Bahn: King's Cross St Pancras | King's Cross*

Insidertipp

CAPHÊ HOUSE [142 A1]

Nehmen Sie mal das Sparfuchs-Frühstück oder Lunch in diesem sympathischen Daytime-Café in der coolen (und gay-freundlichen) Bermondsey Street ein. Caphê House ist ein authentisches vietnamesisches Lokal, den vietnamesischen Kaffee, leckere Baguettes, Phô-Suppen, Reis- und Nudellunch gibt's durchweg günstig. Den Kaffee und die witzigen „Kaffeemaschinen" auf Durchtropfbasis gibt's auch zu kaufen, für ca. fünf Pfund ein nettes Souvenir. *Baguette £3.50, Nudelsuppe £5.20 | Mo–Fr 8–17, Sa 9–17 Uhr | 114 Bermondsey Street | Tel. 74 03 35 74 | www.caphehouse.com | U-Bahn: London Bridge | South Bank*

E PELLICCI [127 D4]

Der italienische East End-Klassiker – seit über hundert Jahren speisen in diesem traditionellen denkmalgeschützten „Caff" (Café für Werktätige) Gangster und Studenten, Taxifahrer und Bauarbeiter ihre Pie-Pasteten, Kartoffelbrei und eingelegten Gelee-Aal. Die Petersiliensauce mag „Liquor" heißen, aber Alkohol muss man sich selbst mitbringen. Frühstück gibt's für unter fünf Pfund, außerdem leckere Lasagne und Mammas Marmeladen Roly Poly. Ästhetischer Mehrwert ist durch eiercremefarbenes Vitrolit-Glas und Art-Déco-Einlegearbeiten garantiert. *Frühstück unter £5 | Mo–Sa 7–16.30 Uhr | 332 Bethnal Green Road | Tel. 77 39 48 73 | U-Bahn: Bethnal Green | Bethnal Green*

INDIAN YMCA [123 E5]

„It's fun to stay at the YYYYY … MCA", sangen schon die Village

People, aber wie billig es sich in der indischen YMCA-Kantine toll asiatisch essen lässt, wissen nur wenige. Zu den einfachen Curries kann man sich Linsen-Daal und Reis auf den Teller schaufeln, soviel man will. Und der gute Kaffee ist auch schon im Preis drin! Alkohol gibt's keinen und man darf (ungewöhnlich für London) auch keinen mitbringen. Dafür sind die leckeren Gerichte auch zum Mitnehmen. Oder wie wäre es mal mit einem indischen Frühstück: Upma (eine südindischer Art Grießsnack) mit Chutney, Toast, Joghurt und indischem Tee oder Kaffee gibt's für £2.50, leider nur bis 9 Uhr. *Frühstück £2.50, Lunch £4.50, Dinner £5 | tgl. 7.30–9.15, 12.30–13.30, 19–20.30 Uhr | 741 Fitzroy Square | Tel. 73870411 | www.india nymca.org | U-Bahn: Chalk Farm | Fitzrovia*

MALAYSIA KOPI TIAM [131 F3]

Supergünstig und zentral liegt diese malaysisch-thailändische Kantine nahe Leicester und Trafalgar Square. Sie ist nichts für ein romantisches Date, bietet aber authentisch scharfe Küche für wenig Geld: leckeres Chicken-Curry Laksa und gebratene Hokkien Mee-Nudeln etwa, und der beliebte Hühnchenreis wird runtergespült mit süßem Teh Tarik Tee. Die Getränkeliste ist voll guter und günstiger Angebote, zum Beispiel Wassermelonensaft. Die sanitären Anlagen sind nicht die besten, aber die Bänke gepolstert und die Bedienung ist freundlich. Im Sommer kann man draußen sitzen an der quirligen Charing Cross Road, im Winter sollte man besser weg von der Tür bleiben – da zieht es ganz schön! *Gerichte ab £3.50, Hauptgerichte ab £6.50 | tgl. 12–23 Uhr | 67 Charing Cross Road | Tel. 72871113 | www.malaysiako pitiam.co.uk | U-Bahn: Charing Cross | Soho*

MASALA ZONE [131 E3]

Günstiges indisches Street Food wird in den Lokalen dieser netten Kette serviert, hier ist es außerdem jugendlich, bunt, fast immer voll und sehr freundlich. Zu empfehlen sind die Thalis, eine prima Zusammenstellung verschiedener Gerichte – viel indische Leckerei fürs Geld. Jede der sieben Londoner Filialen ist unterschiedlich eingerichtet und, wie etwa die an der Marshall Street, besonders beliebt bei Gästen vom Subkontinent. Wer sich ein paar Minuten Zeit für ein Online-Feedback auf der Website nimmt, bekommt einen Gutschein über 15 Prozent Rabatt für den nächsten Besuch zugemailt – und nimmt automatisch an der Verlosung eines £60-Gutscheins teil! *Fingerfood ab £2.50, Streetfood ab £4, Thalis ca. £9 | Mo–Sa 12–23, So 12.30–22.30 Uhr | 9 Marshall Street | Tel. 72879966 | www.masalazone.com | U-Bahn: Oxford Circus | Soho*

MUSHU [123 E5]

Im lebhaften Soho, aber etwas abseits vom Trubel, liegt dieses minimalistische japanische Restaurant in einer Nebenstraße, trotzdem ist es gut besucht. Hauptsächlich von Anwohnern, bei denen sich die Qualität der Gerichte und die äußerst freundliche Atmosphäre herumgesprochen haben. Wer mittags bis 12.15 Uhr seinen Lunch telefonisch vorbestellt, bekommt 15 Prozent Early-Bird-Rabatt, abends zwischen 18 und 19 Uhr sind es sogar 25 Prozent. Die Gerichte werden für jeden Gast frisch zubereitet. Vier Sushi-Teilchen kosten £6, als Take Away spart man £1. Eine köstliche Miso-Suppe mit Tofu und Gemüse ist für preisgüns-

tige £2.20 zu haben und der Tee (ab £1.50) wird bei Bedarf wieder aufgefüllt. *Mo–Fr 11.45–15.30 und 18–22 Uhr | 53 Warren Street | Tel. 73883629 | www.mushu.co.uk | U-Bahn: Warren Street | Camden*

MY VILLAGE [144 C2]

Dieses kurdische Delikatessencafé mit Bioladen ist eine Oase der Gemütlichkeit ein Stückchen weg von der Hektik des Camden Markets, aber mit seiner Lage in der Chalk Farm Road immer noch nah genug dran. Die Distanz garantiert günstigere Preise, an Holz- und grünweißen Kacheltischen sitzt eine nette Klientel vor Tellern mit herzhaften Falafel, Bohnen und Hummus. Zwei, drei Tische stehen auch draußen, und wer Glück hat, bekommt einen heißen Kakao oder ähnliches gratis auf den Tisch gestellt. *Hauptgerichte ca. £5–6 | Mo–Fr 9–19.30, Sa–So 10.30–20.30 Uhr | 7 Chalk Farm Road | Tel. 34892293 | www.myvillagecafebar.co.uk | U-Bahn: Chalk Farm | Camden*

TAYYABS [134 C2]

Gute Punjabi-Küche wird in diesem authentisch-pakistanischen Lokal mit

seinem hellen, bunten Ambiente serviert: Kebabs etwa, Karahi-Curries und Tandoori-Hühnchen. Es ist meist voll und laut, nichts für romantische Abende, man wird eher gehetzt („Anything else, anything else?"), aber bei den Preisen kann keiner meckern. Ihren Alkohol bringen Sie selbst mit, das Motto ist BYO (Bring Your Own), aus Rücksicht auf die muslimischen Nichttrinker sollten laute Trinksprüche unterbleiben. Im Voraus buchen, sonst stehen Sie an, und selbst mit Reservierung kann es passieren, dass man etwas wartet – aber die Top-Qualität des Essens lohnt Preise und Geduld. *Mehrgängiges Dinner ca. £15 | tgl. 12–23.30 Uhr | 83-89 Fieldgate Street |Tel. 72 47 64 00 | www.tayyabs.co.uk | U-Bahn: Whitechapel | City*

SELBSTVERSORGER

HARRODS FOOD HALL　　[138 B2]

In den noblen Food Halls von Harrods liegen immer irgendwelche Kleinigkeiten zum Probieren aus: „Sampling" heißt das, nicht Schnorren. Ansonsten kann man ja auch einen Mini-Luxusartikel zum Schnabulieren erwerben – ein Hit für Gourmets sind etwa Laduree-Macaroons ab £1.50. Ein bisschen Respekt muss man dem kulinarischen Luxusstempel schon erweisen, der Dresscode verlangt nach einem Minimum an Anstrengung, will heißen: bitte keine bauchfreien Tops oder abgeschnittenen Jeans! *Mo–Sa 10–20 Uhr | 87–135 Brompton Rd | Tel. 77 30 12 34 | www.harrods.com | U-Bahn: Knightsbridge | Knightsbridge*

STREET FOOD – FOOD STREET　[125 F5]

Jeden Donnerstag und Freitag findet zwischen 11 und 16 Uhr der Whitecross Street Market mit vielen Verkaufs- und Essensständen statt. Motto: Preiswerte Leckereien am Stand kaufen und dann zum Picknick in die Sonne setzen, zum Beispiel auf den Bunhill Fields-Nonkorformisten-Friedhof *(www.cityoflondon.co.uk)*. Bei Regenwetter erlaubt der Two Brewers-Pub *(121 Whitecross Street, Tel. 76 82 09 10, www.thetwobrewers.com)*, Essen mit ins Lokal zu bringen. Und im freundlichen Fix-Café *(Hausnummer 161)* nahebei gibt es fair gehandelten Kaffee plus Gratis-Internet – ein guter Platz zum Ausruhen. *Do und Fr 11–16 Uhr | www.whitecrossstreet.co.uk | U-Bahn: Old Street | City*

Bild: Gute Punjabi-Küche mit Kebabs und Tandoori-Hühnchen – Tayyabs

SNACKS INTERNATIONAL

CHIPOTLE MEXICAN GRILL [131 F2]

Diese populäre Burrito-Bar ist günstig (Essen unter £ 10), aber nicht billig. Dafür hat man die Garantie, dass Steak oder Schweinefilet etc. nicht hormonverseucht sind und die Tiere nicht auf Intensivfarmen eingepfercht wurden. Besonders lecker: Das Hühnchen für den Chicken Burrito ist in Chipotle-Adobo-Chilipaste mariniert. Vegetarier können einen Schwarzbohnen-Burrito bestellen. Praktisch für einen Snack vor oder nach dem Theater. *Burritos ca. £ 6 | Mo–Sa 11–23, So bis 22 Uhr | 114–116 Charing Cross Road | Tel. 78 36 84 91 | www.chipotle.co.uk | U-Bahn: Tottenham Court Road | Soho*

COMPTOIR LIBANAIS [131 D2]

Dieses preisgekrönte und poppig eingerichtete, auch kinderfreundliche libanesische Kantine & Deli serviert so leckere wie gesunde libanesische Mezze, Tagine-Gerichte und ungewöhnliche Getränke wie Granatapfel- und Orangenblüten-Limo mit frischer Minze fast zu Basar-Preisen – nicht ganz billig, aber überaus günstig für die gebotene Top-Qualität. Nett zum Shoppen: Christopher's Place nebenan, einen Steinwurf von der Oxford Street entfernt. *Lunch unter £ 10, Dinner ca. £ 15 | Mo–Fr 8–23.30, Sa und So 9–22.30 Uhr | 65 Wigmore Street | Tel. 79 35 11 10 | www.lecomptoir.co.uk | U-Bahn: Bond Street | Marylebone*

CLEVER!

> ### Knacken Sie den Code

Viele Restaurant-Ketten – wie Cafe Rouge, Zizzi, La Tasca – bieten über *www.vouchercodes.co.uk* Rabatt-Gutscheine zum Ausdrucken an. Zum Beispiel: zwei kleine Burger mit einer großen Portion Pommes zum Teilen gibt's dann für £ 10 bei Gourmet Burger Kitchen, oder „2-for-1"-Hauptgerichte bei Pizza Express. Klicken Sie auf „Restaurant Vouchers" oder „Printable Vouchers", entweder bereits zuhause (Voucher-Ausdrucken verpflichtet zu nichts), oder das nächste Internetcafé hilft Ihnen weiter. Es schadet auch nichts, sich für den wöchentlichen Gratis-Newsletter zu registrieren.

ESSEN & TRINKEN

HARE & TORTOISE [124 A5]

„Cheap and cheerful", wie die Engländer sagen, ist diese Nudelbar im intellektuellen Bloomsbury. Hier genehmigen sich viele Besucher des benachbarten Renoir-Kinos eine schnelle, großzügige, panasiatische Food-Portion für wenig Geld; Schlangestehen gehört dazu. Ein architektonischer Leckerbissen ist das „Hase und Schildkröte" durch seine Lage im Brunswick Centre aus den 60er Jahren. *Hauptgerichte ca. £6 | tgl. 12–23 Uhr | 11–13 Brunswick Centre | Tel. 72789799 | hareandtortoise.co.uk |U-Bahn: Russell Square | Bloomsbury*

HUMMUS BROS. [131 F3]

„Give Peas a Chance" ist der witzige Slogan der Kichererbsen- und Sesampaste-Gebrüder in Soho in Abänderung des alten friedensbewegten Spruchs. Der frische, leckere Dip, der ursprünglich aus dem Nahen Osten stammt, bildet die Basis für heiße und kalte Toppings wie Hühnchen oder Guacamole mit fluffig-warmem Pitta-Brot. Richtig günstig und mal ganz was anderes, heruntergespült vielleicht mit einer frischen Minz- und Ingwerlimonade (ca. £2).

WLAN gibt's gratis dazu. Zur Mittagszeit sind die Preise günstiger als am Abend bzw. an Wochenenden, da Sie sich Ihr Essen selbst am Tresen abholen, bei den Hauptgerichten hat man zudem die Wahl zwischen zwei Größen. Weitere Filialen gibt's in Holborn und St Paul's. *Hauptgerichte ca. £3–£6 (Lunch), £5–£8 (Dinner) | Mo–Mi 12–22, Do–Sa 12–23, So 12–17 Uhr | 88 Wardour Street | Tel. 77341311 | www.hbros.co.uk | U-Bahn: Piccadilly Circus, Tottenham Court Road | Soho*

PIEMINISTER [132 C4]

Bei all den multikulturellen Einflüssen in der britischen Metropole ist dieses winzige Café, in dem es fast ausschließlich englische Pies gibt, eine willkommene Abwechslung: endlich mal wieder traditionelle englische Küche, und günstig sind die leckeren Teilchen auch. Ab £ 3.75 werden die hausgemachten, vielfach prämierten Pies angeboten. Vorm Laden hat man einen guten Blick auf die charmante Shopping Mall Gabriel's Wharf – in dieser kleinen Passage nahe des südlichen Themse-Ufers bieten hauptsächlich Künstler und Kunsthandwerker ihre Produkte an. *Getränke £ 1.60 bis £ 2 | Mo–Sa 10–18 Uhr | 11 Gabriel's Wharf | 56 Upper Ground | Tel. 79285755 | www.pieminster.co.uk | South Bank*

Insider Tipp **SFIZIO** [132 B1]

In dieser Café-Bar in Bloomsbury servieren drei italienisch-venezolanische Jungs von früh bis spät exzellenten Kaffee, frische Foccacia, Sandwiches und Salate, Schokoladen-Doughnuts („la bomba"), große cremegefüllte Cannolirollen und Pizzas. Alles ist hausgemacht. Die Preise sind ohnehin fair, aber zwischen 17 und 19 Uhr gibt es umsonst Aperitivo-Häppchen zum Drink. Gratis-WLAN. Achtung: am Wochenende geschlossen! *Gratis-Aperitivo, Pizzas ab £6 | Mo–Fr 7–22.30 Uhr | 35-37 Theobalds Road |Tel. 78311888 | www.sfizio.co.uk | U-Bahn: Holborn | Bloomsbury*

VEGETARISCH UND VEGAN

Insider Tipp **BONNINGTON CAFÉ** [140 B5]

Dieses gemütliche, vegetarisch-vegane Kooperativenrestaurant in einer hübschen Seitenstraße nahe des südlichen Themse-Ufers ist ein Geheimtipp für alternativ angehauchte Reisende. Sie essen im Kerzenschein zu Abend, und im Winter brennt ein Feuer im Kamin. Die Preise sind niedrig, jeden Tag kocht ein anderer der internationalen Brigade (das Bonnington war mal eine Hausbesetzer-Kantine), Wein oder Bier muss mitgebracht werden. Das Bonnington ist etwas kompliziert zu finden; checken Sie die Website für die GoogleMaps-Karte. *Vor- und Nachspeisen £3, Hauptgerichte £7 | tgl. 12–14 und 18.30–22.30 Uhr | 11 Vauxhall Grove | Tel. (0)1932/571323 | U-Bahn: Vauxhall | Lambeth*

ITADAKI ZEN [124 B3]

Der kleine, aber feine Bio-Japaner serviert eine breite Spanne hochinteressanter veganer Gerichte im hellen Holz-Ambiente. Das kann Tempura-Gemüse sein, Umi-Kohl, Algen und Kimcha-Gemüsepickles oder ein wohlschmeckender gemischter Gokokugohan-Fünf-Körner-Reis. Am Abend werden zehn Prozent auf den Preis aufgeschlagen, das Ganze bleibt trotzdem noch im Rahmen. Und wegen Leckereien wie dem Grüntee-Bio-Espresso (£2) macht Essengehen in London so viel Spaß!

Miso-Suppe £2, kleine Gerichte ab £3 | Mo–Fr 12–15 und 17–22, Sa 18–22.30 Uhr | 139 King's Cross Road | Tel. 72 78 35 73 | www.itadaki zen. com | U-Bahn: King's Cross/St Pancras | King's Cross

VIJAY'S CHAWALLA [145 D2]

Dieses beliebte vegetarische Restaurant in der vom Tourismus noch wenig entdeckten Shoppingstraße Green Street bietet niedrige Preise bei hoher Qualität. Hier gibt es südindische, Gujarati- und Punjabi-Gerichte. Klassiker wie Chana Masala (Kichererbsen in einer scharfen Tomatensauce) mit Puris und Salat für nur £4.50 gefällig, vielleicht mit einem Masala-Gewürztee dazu? Thali-Gerichte mit verschiedenen leckeren Dingen auf einer Platte kosten nur um die £7. Im Gegensatz zu vielen anderen „indischen" Restaurants ist die Küche hier authentisch – alle Köche sind übrigens weiblich. *Gerichte ab ca. £5 | tgl. 11–21 Uhr | 268–270 Green Street | Tel. 84 70 35 35 | U-Bahn: Upton Park | Plaistow*

Kleiner, feiner Bio-Japaner mit veganen Gerichten: Itadaki Zen

INTERNET-JAGD

Wer mittags statt abends groß essen geht, kann sich mehr leisten – dann lässt sich bisweilen auch in den allerschicksten Lokalen exklusive Küche zum relativ bezahlbaren Preis probieren. Der Buchungsservice *www.toptable.co.uk* hilft – und bietet zudem jeden Tag Rabatte für die neuen, trendigsten sowie die klassischen, teuren Restaurants an.

L'ATELIER DE JOEL ROBUCHON [132 A3]

„Value for Money" – hier gibt's das wirklich, besonders zur Lunchtime. Im minimalistischen, schwarz-rot gestylten Erdgeschoss des „Atelier" kreiert das Team um den „Koch des Jahrhunderts" (Gault-Millau) moderne französische Klassiker, die mittags schon mal bezahlbar sind; in einer spielerischen Komponente werden Gäste sogar eingeladen, sich an der Zubereitung zu beteiligen. Das Festpreis-Menü ist in Voucher- und Coupon-Angeboten zu finden. *Prix fixe-Lunch-Menü £30 | tgl. 12–14.30 und 17.30–22.30 Uhr | 13-15 West Street | Tel. 70 10 86 00 | www.joelrobuchon.co. uk | U-Bahn: Leicester Square | Soho*

PORTRAIT RESTAURANT [132 A4]

Im obersten Stockwerk der National Portrait Gallery hat man einen schönen Blick auf St. Paul's Cathedral, Big Ben und die Dächer der Stadt – eine wunderbare Atmosphäre für einen Afternoon-Tea nach dem Museumsbesuch. Mit £ 19.95 pro Person ist das hier zwar nicht preiswert, aber eine wesentlich günstigere Variante als etwa der ähnlich stimmungsvolle Afternoon-Tea im Ritz. Die Scones mit Clotted Cream, Gurkensandwiches, feine Patisserie und englischer Tee munden vortrefflich. Und bei dem Gedanken, dass die Berühmtheiten auf den Bildern im Museum früher auch dieser Tradition nachgingen, genießt es sich doppelt gut. *Afternoon-Tea £ 19.95 pro Person | Sa–Mi 10–18, Do–Fr 10–21 Uhr | St Martin's Place | Tel. 73 12 24 90 | www.npg.org.uk | U-Bahn: Charing Cross, Leicester Square | Covent Garden*

VINCENT ROOMS [139 E3]

Die Brasserie der Vincent Rooms ist dem Westminster Kingsway Catering-College angeschlossen, das Köche, Sommeliers und Bedienungskräfte ausbildet.

ESSEN & TRINKEN
LUXUS LOW BUDGET

So kostet Sie ein Dreigängemenü mit Kanapees, gutem Wein und Kaffee sowie Petits Fours nur etwas über zwanzig Pfund. Oder wählen Sie einfach ein Hauptgericht à la carte für ca. 6 bis 9 Pfund: vielleicht ein „Sautierter Schwertfisch auf geschmorten Tomaten-Mondbohnen mit Safran&Koriander-Couscous" oder „Spinat-Dolcelatte-Kastanien-Ravioli mit Fenchelschaum und Apfel-Sellerie-Kürbis-Salat"? Jamie Oliver und Celebrity-Chef Antony Worrall Thompson haben hier ihr Handwerk gelernt, Panoramafenster, elegante Lampen und die orange-gelben Regency-Holzpaneele tragen zur besonderen Stimmung bei. *Dreigängiges Lunch-Menü £ 22,50 | Mo–Fr 12–14 Uhr, zusätzlich an bestimmten Abenden 18–21 Uhr | Victoria Centre, 76 Vincent Square | Tel. 78 02 83 91 | www.thevincentrooms.com | U-Bahn: Victoria | Victoria*

Afternoon-Tea mit Blick über die Stadt im Portrait Restaurant

> Kleine preiswerte Geschäfte, günstige Designershops: Hier steht, wo Sie billig einkaufen können

Zum Glück war „Window Shopping", also der gute alte Schaufensterbummel, selbst in den nobelsten Einkaufsvierteln ja schon immer kostenfrei – Bond Street, Savile Row und King's Road in Chelsea lassen grüßen. Die drei edlen viktorianischen Arkaden an Piccadilly (Burlington, Piccadilly und Prince's) bieten mit ihren Antiquitäten, Silber- und Kaschmir-Auslagen schöne Anblicke nebst stilvollem Schutz vor Regen, und die Schaufenster von Fortnum & Masons an der gleichen Straße sind immer einen Stoppover wert. Am anderen Ende der Fahnenstange ist das Angebot riesig. So ver-

kaufen die weitverbreiteten Pound Shops alles Mögliche und Unmögliche meist tatsächlich für ein Pfund Sterling. Supermärkte wie Sainsbury's lohnen sich zwar nicht für frisches Obst und Gemüse (nehmen Sie dafür einen Straßenmarkt), aber umso mehr für ihre Eigenmarken-Artikel (Kosmetikserie etwa mit Gesichtsreiniger für 99 Pence). Tipp: Die Läden der Museen bieten hübsche und originelle Kleinigkeiten, die nicht die Welt kosten – so ist etwa der Eintritt zum Gift Shop des sonst recht teuren London Transport Museums in Covent Garden frei und lohnt sich für witzige London-Souvenirs.

SHOPPEN

FLOHMÄRKTE

BATTERSEA CAR BOOT SALE [144 C3]

Der generalstabsmäßig organisierte Klassiker unter den Londoner „Kofferraum-Verkäufen" *(www.your booty.co.uk/London-car-boot-sales. html)* findet das ganze Jahr über jeden Sonntagnachmittag ab 11.30 Uhr statt. Hier findet sich alles rund um Kleidung, Accessoires, Mobiliar usw. Die Eintrittspreise sind gestaffelt – je nachdem, um welche Uhrzeit man rein will, kostet es £5, £3 oder £0.50. Hier lohnt sich Sparen beim Eintritt nicht, wer spät kommt, steht an und kann nur noch kaufen, was die Frühaufsteher übrig gelassen haben. *Eintritt ab £0.50 | jeden So ab 11.30 Uhr | Battersea Park School, 401 Battersea Park Road | Tel.* *(0)7941/38 35 88 | Zug: Battersea Park (von Victoria Station, oder Bus Nr. 44) | Battersea*

HACKNEY WICK FLEA MARKET [145 D2]

Wer zur richtigen Zeit in London ist, sollte sich auf diesem coolen, informellen und unkommerziellen Flohmarkt auf Schnäppchenjagd machen. Etwa 30 hiesige Verkäufer breiten hier (Damen-)Kleidung, Accessoires, Bücher und Platten meist auf dem Gehweg (wie zu unseren Kinderzeiten) aus. Die beliebte Fünf-Pfund-Kleiderstange bietet gute Schnäppchen, aber auch im 50-Pence- und Ein-Pfund-Spektrum werden Sie mit Sicherheit fündig. Handeln ist erlaubt. Mehrwert entsteht durch das ständig wechselnde Rahmenpro-

gramm mit Livemusik, Performance, Thai-Massagen, Handlesern, DJs … Einziger Haken an der Sache: Das Ganze findet nur in den Sommermonaten statt. *Wechselnde Sa einmal pro Monat ab 11 Uhr (am besten auf facebook registrieren) | z.Zt. White Post Lane | www.vinylpimp.co.uk | Zug: Hackney Wick, Busse 30, 26 | Hackney*

PIMLICO ACADEMY [139 E5]

Wem die Klassiker zu riesig und gedrängt sind, dem bietet dieser neue Flohmarkt sonntagnachmittags eine gute Alternative; hier müssen Sie für Ihre Schnäppchen nicht in aller Herrgottsfrühe aufstehen. Und auch ein bisschen Regen sollte Sie nicht abschrecken: der Car Boot Sale läuft drinnen und draußen. Ab 12.30 Uhr kostet der Eintritt £ 1; wer vorher rein will, zahlt £ 5. Wer mag, verpasst dem Stöbern einen kulturellen Mehrwert mit einem Gratis-Besuch in der nahegelegenen Galerie Tate Britain. *Eintritt ab 12.30 Uhr £ 1 | jeden So bis 16.30 Uhr | Pimlico Academy, Lupus Street, Eingang Chicester Street | Tel. 0845/094 38 71 | www.capitalcarboot.com | U-Bahn: Pimlico | Westminster*

CLEVER!

> Spartipps zum Ausdrucken

Tipp zum Billig-Shoppen: Viele bekannte Marken sind auf Voucher-(Gutschein-) Webseiten wie *www.myvouchercodes. co.uk* vertreten – schauen Sie nach „Printable Vouchers" zum Ausdrucken. *www.moneysupermarket.com* ist eine weitere tolle Seite mit exzellenten Spartipps, Preisvergleichs-Optionen, Vouchers und Discount-Codes, die man bei Online-Bestellungen eingeben kann; wer sich hier registriert, erhält einen wöchentlichen elektronischen Newsletter. Die Spanne reicht von Elektronik über Geschenkartikel und Musik bis zu Kleidung. Wer die Postleitzahl seines Hotels oder Hostels eingibt, kann in den Genuss verschiedenster Gutscheine kommen, für den nächstgelegenen Marks & Spencer oder die Boots-Drogeriekette zum Beispiel. Praktisch ist auch die alphabetische Liste der teilnehmenden Geschäfte.

KULINARIEN
POUNDLAND

Im „Pfundland"-Sparparadies, wo tatsächlich die meisten Artikel etwa ein Pfund kosten, finden Selbstverpfleger keine frischen Produkte, aber gute und günstige Basics wie Instantkaffee, Dosengemüse, Fertiggerichte und After Eights – alles wesentlich billiger als in den meisten Supermärkten. Die Londoner Mittelschicht, die einst lieber zum edlen Waitrose ging, wird zunehmend hier gesichtet, weil in den letzten drei Jahren die Nahrungsmittelpreise in England erheblich gestiegen sind. Die pfundige Idee wurde 1990 geboren, heute gibt es ein Dutzend Filialen in London. Die größte befindet sich im vorstädtischen Croydon, aber es gibt auch genügend in zentraleren Lagen, alle zu finden über den Storefinder-Link auf der Website. *Mo–Sa 8.30–18.30, So 11–17 Uhr | www. poundland.co.uk*

TWININGS [132 B3]

Großer Tee-Genuss zum Minipreis gefällig? Twinings ist nicht nur einer der berühmtesten Teeblender der Welt, der wunderschöne, holzgetäfelte Laden von 1706 zählt auch zu den ältesten der Stadt. In dem schlauchförmigen Geschäft mögen sich Shopper ein bisschen gegenseitig auf die Füße treten, hinten im Tee-Museum dürfen sie dafür gratis eine heiße Tasse genießen – die ganze Sortenpalette der Beuteltees steht zur Verfügung. Der Clou fürs kleine Portemonnaie: Für 10 Pence können Sie auch einzelne Teebeutel der interessantesten Sorten kaufen – Earl Grey & Orangenblüten, Weißtee mit Granatapfel, Rosengarten oder Cranberry & Blutorange etwa, also Mischungen, die zuhause nicht immer zu haben sind. *Mo–Fr 8.30–19.30, Sa und So 10–16 Uhr | 216 The Strand | Tel. 73 53 35 11 | www.twinings.co.uk | U-Bahn: Temple | City*

Insider Tipp

MODE
CAMPING & ARMY SURPLUS [133 D5]

„Die Touristen, die den Weg hierher finden, kann ich an einer Hand abzählen", sagt Mark, der mit seinem Bruder Howard diesen Army & Camping-Laden führt. Dabei sind die Preise sehr günstig: riesige Second-Hand-Seesäcke für Leute, die nie genug Platz haben für all ihren Kram, gibt's schon für £20, tolle schwarzpolierte britische Armeestiefel für

£ 25 (schöner als Doc Martins!), außerdem Rucksäcke, Militär-Kleidung aus verschiedenen Ländern, Accessoires wie Taschenlampen … eine richtige Fundgrube. Die bequemen Militärhosen sind anscheinend besonders beliebt bei werdenden Müttern. *Mo–Sa 10–18 Uhr | 37 The Cut | Tel. 79 28 41 10 | U-Bahn: Waterloo | Waterloo*

GEORGE FOR ASDA [145 D2]

Die Asda-Supermärkte (heute zum US-Empire Wal Mart gehörend) sorgen immer wieder für Spar-Schlagzeilen in London, in der Vergangenheit etwa mit Brautkleidern für £ 60 oder zuletzt mit einer preiswerten Supermarktversion des Savile-Row-Herrenmaßanzugs. Dazu gibt's Accessoires wie Merinowollpullis für £ 16 oder Fischgrät-gemusterte Hemden und Seidenkrawatten für eine Handvoll Pfund. Gut gelegen für Touristen ist der Isle of Dogs Store in den historischen Docklands. Der Clou: Der Laden öffnet montags um 7.30 Uhr und brummt dann rund um die Uhr durch bis Samstag um 22 Uhr! *Mo 7.30 bis Sa 22 Uhr durchgehend geöffnet, So 11–17 Uhr | 151 East Ferry Road, Isle of Dogs | Tel.*

79 87 26 14 | www.asda.com/storelocator | Docklands

OXFAM BOUTIQUE [128 B3]

Diese neue Generation der „Charity Shops" wurde 2009 lanciert als Schaufenster für die besten abgelegten Designerstücke und recycelte Klamotten junger britischer Designer. Von den drei Londoner Boutiquen ist die coole Notting Hill-Filiale die zentralste und beste, mit Damen- und Herrenkleidung in coolem Ambiente, fair gehandeltem Schmuck und Sixties-Style statt der mufligen Atmosphäre, die leider manche Wohltätigkeitsläden kennzeichnet. Die Boutique ist zudem auch auf Facebook vertreten. *Mo–Sa 10–18, So 12–16 Uhr | 245 Westbourne Grove | Tel. 72 29 50 00 | www.oxfam.org.uk | U-Bahn: Notting Hill | Notting Hill*

PRIMARK [130 B3]

Hosen für ca. acht Pfund, Kleider für drei und Bikinis für zwei – das ist Primark, die Kette mit den vielleicht günstigsten Preisen der Londoner Textilszene. Die größte Auswahl haben Sie im riesigen zentralen Flagship-Store an der Oxford Street. Die

Kette bemüht sich neuerdings mit Kampagnen, den bösen Hauch der Kinderarbeit und unwürdiger „Sweatshop"-Produktionsbedingungen loszuwerden, der ihr nach einer Berichterstattung der BBC anhing. *Mo–Fr 8.30–22, Sa bis 21, So 12–18 Uhr | 499-517 Oxford Street | Tel. 74 95 04 20 | www.primark.co.uk | U-Bahn: Oxford Circus | Mayfair*

RETRO LONDON [131 F2]

Der Name dieses neuen Geschäfts in Londons Haupteinkaufsstraße täuscht ein wenig. Bei der Ware handelt es sich nicht eigentlich um Retro-Klamotten, sondern um Kleidung, Schuhe, Taschen und Schmuck aus der letzten Saison, die hier bis zu 50 Prozent günstiger angeboten werden. Alle vier Wochen kommen neue Kleidungsstücke, oft aus Spanien, Italien und Brasilien, z.B. einfach geschnittene moderne Kleider ab £ 20. Deshalb gibt es eine vielfältige Auswahl verschiedener Stile, wo man schon einmal ein bisschen wühlen muss, bis das Richtige dabei ist. Aber man findet so vielleicht ein Paar supergünstige Markenschuhe von Fly oder Doc Martens. *Bis zu 50 Prozent Rabatt | Mo–So 9–22 Uhr | 145 Oxford Street | U-Bahn: Oxford Circus | Soho*

TK.MAXX [137 D1]
Bei diesem sogenannten „Off-Price"-Anbieter finden Sie Designermode zu kleinen Preisen in mehreren Filialen in London für Damen und Herren – u.a. coole Mäntel und gemütliche Yogamode, Schuhe, Reisegepäck, Beauty-Produkte, Accessoires und Spielsachen. Manchmal ist alles ein bisschen durcheinander, aber Rabatte von bis zu 60 Prozent sprechen für sich … Discount-Haushaltswaren bietet der Ableger Home Sense *(Staples Corner Retail Park, Tel. 84 52 09 84, der Bus 232 von der U-Bahn-Station Turnpike Lane bringt Sie in einer guten Stunde hin)*. Schön auch: die Firma hat ein ausgeprägtes soziales Gewissen, arbeitet mit Obdachlosen- und Aufforstungsorganisationen sowie Comic Relief zusammen, recyclet Weihnachtskarten und lässt Kunden für Plastiktüten extra zahlen – der Erlös wird zum Pflanzen junger Bäume verwendet. Die Charing Cross-Filiale liegt recht zentral. *Mo–Fr 9–21, Sa bis 20, So 12–18 Uhr | 120 Charing Cross Road | Tel. 72 40 20 42 | www.tkmaxx.com | U-Bahn: Tottenham Court*

WESTFIELD SHOPPING CENTRE [144 C2]
Das Westfield Shopping Centre ist eines der größten Indoor-Einkaufszentren Europas, mit einem Mix aus über 250 Designer- und normalpreisigen „High Street"-Läden auf 150 000 m^2 unter dem architektonisch auffälligen, übrigens in Stuttgart entworfenen, Dach. Jede Woche wird ein neues Discount-Bouquet zusammengestellt (zu sehen auf der Homepage unter „Offers & Events"), und zu Schlussverkaufszeiten sollten Sie einen Online-Blick auf das „Sales Diary" werfen. 2012, pünktlich zum Olympiarummel, eröffnete übrigens ein noch größeres Westfield-Shoppingcentre in Stratford. *Mo–Mi 10–21, Do und Fr bis 22, Sa 9–21, So 12–18 Uhr | Ariel Way | Tel. 33 71 23 00 | www.westfield.com |U-Bahn: Wood Lane | Shepherd's Bush*

WHAT THE BUTLER WORE [140 C1] Insider Tipp
Ein Butler trägt heute mit Sicherheit nicht die Vintage-Mode aus den letzten Dekaden, die die irischstämmige Bridget hier feilbietet. Kleidung,

Schuhe und Accessoires sind jedoch ausgefallen und handverlesen und zu interessanteren Preisen zu haben als in anderen Vintage-Läden im trendigen East End. Die schönste Entdeckung für polyestermüde Vintagefans: hier gibt's oft auch hübsche, bedruckte Baumwollkleider von Marks & Spencers aus den Sechzigern, am Sales Rail auf £ 15 reduziert. Bridget lässt auch mal mit sich handeln. Die gentrifizierte Lower Marsh direkt hinter Waterloo Station bietet zudem viele weitere interessante Läden und Cafés. *Mo–Sa 11–18 Uhr | 131 Lower Marsh | Tel. 72 61 13 53 | www.whatthebutlerwore.co.uk | U-Bahn: Waterloo | Waterloo*

MUSIK UND GESCHENKE

HMV 🐷 [131 E2]

Mit über 4600 m² ist der „His Master's Voice"-Megastore der größte im Land. Kaufen muss hier niemand etwas, „Listening Posts" laden zum Gratis-Reinhören in die neuesten CDs ein. Außerdem geben hier Bands, die gerade schwer im Kommen sind, bisweilen ein Gratis-Konzert – man muss allerdings früh kommen und sich ein Eintritts-Armband (Wrist Band) abholen. Etablierte Stars geben auch schon mal Autogramme, da heißt es Schlange stehen – wer weiß, wieviel das in ein paar Jahren bei eBay bringen könnte … *Mo–Sa 9–20.30, So 12–18 Uhr | 150 Oxford Street | Tel. 76313423 | (0)845/60 27 8 00 | www.hmv.com | U-Bahn: Oxford Circus | Soho*

MUJI [131 E2]

Muji steht im Japanischen für „ohne Marke", aber Mujis Produkte – hochwertige Accessoires, schöne Schreibwaren, Kleidung in simplen Schnitten aus guten Materialien – haben einfach Klasse. In mehreren Filialen finden Sie originelle kleine Geschenke für um die £ 3 (wie wär's mit einem Faltfernglas aus Pappe?), tolle Kleinigkeiten für Kinder und Mitbringsel ab 70 Pence, die sich auch gut verschicken lassen: Minimalismus zu fairen Preisen. *Mo–Sa 10–19, Do bis 20, So 12–18 Uhr | 187 Oxford Street | Tel. 73 18 34 52 | www.muji.com | U-Bahn: Oxford Circus | Soho*

SECOND HAND/CHARITY

In London kleiden sich auch Stars gerne in Charity Shops ein. Die Erlöse dieser Second-Hand-Läden

kommen einem guten Zweck zugute. Generell gilt das Prinzip: je besser die Gegend, desto besser die abgegebenen Klamotten, aber auch umso teurer. Die Herausforderung liegt bei der Schatzsuche in ärmeren Gegenden – man sollte mehrere Läden abklappern, für viele Briten ist das eine Art Volkssport.

ABSOLUTE VINTAGE [126 B5]
In diesem Second Hand-Geschäft für Mode und Accessoires aus den 30er bis 80er Jahren findet sich sicherlich die größte Auswahl an qualitativ hochwertigen gebrauchten Schuhen (mehr als 1000 Paar!) in ganz London. Von Sandalen über Pumps in allen Farben bis zu 80er Jahre Boots

oder Cowboystiefeln ist ab £ 20 alles zu haben. Aber auch preisgünstige Ledertaschen, Retro-Sonnenbrillen und Schmuck bietet der Laden in der Old Truman Brewery an. Ein Bummel durch diese sehenswerte renovierte Ex-Brauerei lohnt ebenfalls, viele Künstler und Kunsthandwerker haben hier ihre Ateliers und Shops. *Mode und Accessories ab £ 20 | Mo–So 11–19 Uhr | 15 Hanbury Street | Tel. 72 47 38 83 | www.absolutevintage.co.uk | U-Bahn: Aldgate East*

ANY AMOUNT OF BOOKS [132 A3]
Londoner haben nicht nur ein Faible für Second Hand-Mode, sondern stöbern auch besonders gern in alten Büchern. In der Charing Cross Road,

CLEVER!

> *Hier gibt's alles gratis: Freecycle*

Ganz umsonst wird's bei Online-Plattformen wie *www.freecycle.org,* wo Londoner ihre nicht mehr gewünschten Artikel auflisten und Interessenten sie nur abholen müssen. Das kann Kleidung sein, eine alte Tür, ein klappriger Stuhl, Computerteile oder ein reparaturbedürftiges Fahrrad. Recyclen statt wegwerfen

– eine Community von Gleichgesinnten hält Dinge, die andere noch gebrauchen können, aus den Mülldeponien fern. Das Beste: Mitglieder können auch selbst Wünsche ins Netz stellen. Zwei Dutzend Gruppen sind in London gelistet. Mehr Infos unter *www.freecycle. org/group/UK/London*

in der traditionell viele Buchläden zu finden sind, ist auch dieses Antiquariat zu finden. Verkauft werden aktuelle Romane ebenso wie sehr gut erhaltene antiquarische Bücher. Da das Geschäft nur sehr große Bestände aufkauft, sind die Preise niedrig und für Abwechslung ist gesorgt. Alle drei Monate findet ein Ausverkauf statt, bei dem die Bücher oft nur £ 1 kosten. Ein Blick ins Untergeschoss lohnt sich, und auch wenn man hier lange stöbern muss, finden sich mit Geduld in den vielen Regalen die schönsten Schnäppchen und Raritäten. *Bücher ab £ 1 | tgl. 10.30–21.30 Uhr | 56 Charing Cross Road | Tel. 78 36 36 97 | www.anyamountof books.com | U-Bahn: Leicester Square*

CANCER RESEARCH [144 C3]

Wer in diesem Südwest-Londoner Wohltätigkeitsladen nach Vintage-Klamotten von Marken wie Gucci, Aquascutum, Vuitton und Prada stöbert, tut was für die Krebshilfe. Vieles ist aus den 1950ern, Pelz ist auch dabei, also eher Klasse fürs Geld statt Billigheimer, es gibt aber schon Nettes ab etwa £ 5. Wenn Sie schon mal in Suburbia sind, ein Tipp: Der Zutritt zu den berühmten Chiswick Gardens *(www.chgt.org.uk, geöffn. tgl. bis Einbruch der Dämmerung)* ist gratis, die Gärten waren eine Inspiration für große Gärten von Blenheim Palace bis New Yorks Central Park. *Mo–Sa 9.30–17.30 Uhr | 392 Chiswick High Road | Tel. 89 94 43 91 | www.cancerresearch.org.uk | U-Bahn: Chiswick Park | Chiswick*

OCTAVIA HOUSING [138 A2]

Insider Tipp

Diese Wohltätigkeitsorganisation setzt sich für würdige Wohnbedingungen ein, ihre Charity Shops bieten eine prima Auswahl an klassischen und schicken Teilen – besonders gut ist der Laden bei Hosen und Anzügen für Damen und Herren. Manches ist Neuware aus Schlussverkäufen und eingestellten Linien. Checken Sie die £1-Stange für Super-Sonderangebote an Designerklamotten. Der Laden liegt übrigens nur einen Steinwurf von der heiligen Dreifaltigkeit der Gratis-Museen V&A, Science und Natural History entfernt. *Mo–Sa 10–18, So 12–17 Uhr | 211 Brompton Road | Tel. 75 81 79 87 | www.octaviahousing. org.uk | U-Bahn: South Kensington | South Kensington*

TRAID [123 D1]

In den zehn Londoner TRAID-Läden („„trade“ und „aid“, Handel und internationale Entwicklungshilfe also) finden Sie recycelte Kleidung, Vintage und Designermode, Schuhe und Accessoires, die in den Altkleidercontainern der Stadt abgelegt wurden, für eine Handvoll Pfund. Ein Besuch des TRAID-Ladens von Camden lohnt sich vielleicht am meisten, denn hier gibt es auch das „TRAIDremade"-Label, ökologisch und sozialverträgliche Mode aus alten Textilien, umgemodelt und wieder schick gemacht und – das Ganze nennt sich „Upcycling". *Mo–Sa 10–18, So 11–17 Uhr | 154 Camden High Street | Tel. 74 85 52 53 | www.traid.org.uk und www.traidremade.com | U-Bahn: Camden Town | Camden*

SHOPPING-STRASSEN

GREEN STREET

Ein authentisches Schaufenster der asiatischer Kulturen und dazu auch noch supergünstig ist die Green Street in East London. Bei Poshak Mahal *(14 Carlton Terrace, Tel. 84 72 35 75)* etwa gibt es Schals, traditionelle Salwar-kameez-Gewänder und Pashminas in vielen Farben und Formen. Z. B. mit simplem Design oder mit Perlen und Strass besetzt (ab £ 2). Hinter der Hausnummer 296–298 bietet Bees *(www.shopbees.com)* den passenden Modeschmuck dazu, angeblich klirrt hier die größte Auswahl an asiatischen Armreifen Europas! Am anderen Ende der Straße lockt die Chiffons-Boutique *(Nr. 121, Tel. 85 52 77 19)* mit Ost-West-Modemix für schickere Gelegenheiten, und ein paar Haustüren weiter finden Sie im The Button Shop *(Nr. 87, Tel. 85 52 57 27, www.thebuttonshop.co.uk)* eine Schatzgrube voller Knöpfe, Bordüren, Pailletten, Bänder, Spitze und Troddeln. *U-Bahn: Upton Park, Forest Gate | Newham*

PICCADILLY CIRCUS/ REGENT STREET 🐷

Der riesige Cool Britannia-Souvenirshop am Piccadilly Circus *(www.coolbritannia.com)* hat bis spät abends auf. Gegenüber ist ein großer Boots-Drogerieladen, der genauso lange geöffnet ist und neben einer Mitternachts-Apotheke eine ganz schöne Bandbreite an Miniatur-Kosmetika bietet. Und das äußerst einladende, international dekorierte National Geographic Café *(83–99 Regent Street, Tel. 70 25 69 69, www. nglondonstore. co.uk)* mag zwar ziemlich kommerziell sein, hat aber Gratis-Zeitungen aus aller Welt im Ständer und zeigt tolle Fotoausstellungen – und das WLAN ist hier auch umsonst.

STRASSENMÄRKTE
KLASSIKER

Sparfüchse sollten sich von den Klassiker-Märkten wie Portobello *(www.portobellomarket.org)* und Camden Market *(www.camdenlock. net, Wahnsinnsgedränge an Wochenenden)* sowie den Trendsettern Spitalfields *(www.visitspitalfields.com)* und Broadway Market *(www.broad waymarket.co.uk)* nicht allzu viel versprechen: Manches hier ist originell und witzig, aber Broadway ist nicht billig, und Camden hat neben praktischen hippen Gummistiefeln für £ 20 sowie Gothic und Punk-Accessoires viel überteuerten Nepp und New-Age-Tand. ==Unter der Woche geben die Camden-Verkäufer allerdings eher mal einen Rabatt,== und die hohe Konkurrenz führt zu einem großen Angebot an günstigem Streetfood,

Massagen, Smoothies, Weizengrascocktails etc. *Alle Märkte sind auf der Website www.londonmarkets.co. uk zu finden.*

SCHNÄPPCHEN-MÄRKTE

Beim trendigen Gourmet-Markt Borough Market um London Bridge *(www.boroughmarket.org.uk)* können Sie donnerstags bis samstags kurz vor Schluss gegen 16 Uhr echte Schnäppchen machen; Donnerstag ist der beste Tag für Gedränge-Hasser. Toll fürs „people watching" ist der Columbia Road Flower Market *(www.columbiaroad.info)* sonntagmorgens: Dieser Blumen- und Pflanzenmarkt läuft entlang einer Straße mit kleinen unabhängigen Läden und Cafés. Günstige Angebote und Spielraum zum Runterhandeln gibt's auf Straßenmärkten in eher einfachen Gegenden wie der westafrikanisch-türkisch-osteuropäisch geprägten Ridley Road in Hackney *(www.rid leyroad.co.uk, täglich, freitags um 15 Uhr für Schnäppchen)* oder – Geheimtipp! – Queen's Market in der Green Street *(S. 72)*, eine Schatzgrube für Pashminas und Haar-Accessoires, Weltmusik-CDs, Obst sowie exotische Produkte.

Insider Tipp

BURBERRY FACTORY OUTLET [145 D2]

Der Strom japanischer Shopper mit weißen Plastiktüten weist Ihnen den Weg zum Fabrik-Outlet von Burberry, wo die Kollektion der Luxusbekleidung vom Vorjahr zu etwa einem Drittel reduziert angeboten wird. Alles ist hier fein ausgelegt, und das Angebot stimmt, auch in den unteren Preisregionen um £25. Wie wär's etwa mit schwarz-weiß karierten Cashmere-Ohrenmuffs oder mit einem schicken Burberry-Schirm? Alle zwei Tage kommt neue Ware rein, echte Schnäppchen bleiben aber Glückssache. *Mo–Sa 10–18, So 11–17 Uhr | 29–53 Chatham Place | Tel. 83 28 42 87 | U-Bahn: Hackney Central (Overground, Ihre Oystercard gilt) | Hackney*

DWS DESIGNER WAREHOUSE SALES [144 C2]

Etwa alle sechs Wochen kommen Fashion-Liebhaber hier an drei aufeinander folgenden Tagen so richtig auf ihre Kosten. Beim Designer Warehouse Sales bieten internationale Designer wie Vivienne Westwood, Prada, Gucci, Jil Sander, Kenzo und viele andere Musterstücke und Kleidung aus der Kollektion der vergangenen Saison an. Die Waren des riesigen Outlet-Verkaufs sind dabei um bis zu 60 Prozent reduziert. *Eintritt £ 2 | 5/6 Islington Studios | Thane Works | Thane Villas | Tel. 76 97 98 88 | www.dwslondon.co.uk | U-Bahn: Finsbury Park | Holloway Road*

OUTLET VILLAGE [144 A1]

Bicester (spricht sich Bister) Village ist ein „Dorf" mit Factory Outlet-Stores großer Marken von Armani und Aquascutum bis Timberland, Ugg, Yves Saint Laurent und vielen mehr. Ein bisschen raus aus London müssen Sie allerdings schon (Bicester liegt in Oxfordshire), um in den Genuss der Direkt-vom-Hersteller-Rabatte für die feine Ware zu kommen, aber bei diesen Discounts lohnt sich der Trip auf jeden Fall. Entweder nehmen Sie den Zug von der Marylebone Station nahe der U-Bahn Baker Street *(www.chilternrailways.co.uk, dann Gratis-Shuttlebus)* oder den Shopping-Express-Bus von vielen Londoner Hotels zweimal pro Tag; das Fahrgeld *(£25 pro Erwachsener, £50 fürs Famili-*

LUXUS LOW BUDGET

enticket) sollten Profi Shopper schnell wieder drin haben. *Mo–Fr 10–20, Sa 9–20, So 10–19 Uhr (manche Läden öffnen später) | 50 Pingle Drive, Bicester, Oxfordshire | Tel. (0)1869/36 62 66 | www.bicestervillage.com*

PAUL SMITH SALE SHOP   [131 D3]

Das Prinzip des Sale Shop dieses britischen Klassikers im noblen Mayfair ist das gleiche wie bei Burberry: die edlen Vorjahreskollektionen sind zu etwa einem Drittel reduziert, bei zeitlosem Schick der feinen Krawatten, Socken und Schals für wenig Geld (ab ca. £ 10). Das Ambiente der beiden kompakten Räume auf zwei Stockwerken ist gepflegt, oben hängen coole Platten-Cover. *Mo–Mi, Fr und Sa 10–18, Do bis 20 Uhr | Avery Row | Tel. 74 93 12 87 | www.paulsmith.co.uk | U-Bahn: Bond Street | Mayfair*

Schicke Schirme, feine Trenchcoats: Burberry Factory Outlet

> Gute Nachricht für Partygänger: Im heißen Londoner Nachtleben drückt wachsende Konkurrenz die Preise

Das freut Sparfüchse: Die Happy Hour mit „2-4-1"-Angeboten (zwei Cocktails für den Preis von einem) kommt immer mehr in Mode. Halten Sie die Augen auf nach Flyern für Gigs und Clubs, z.B. auf der Hauptstraße von Camden. Es lohnt sich zudem, auf den Websites der Clubs zu checken, ob man sich per E-mail auf die Gästeliste setzen lassen kann. Zeit ist ja auch Geld ... und lange anstehen, nur um dann eventuell die Gesichtskontrolle nicht zu bestehen, muss ja nicht sein. Ein teures „Vergnügen" im Londoner Nachtleben kann das Nachhausekommen sein, deshalb sollten sich Partyfans genau

überlegen, wo sie übernachten. Wer nicht gerade um die Ecke der angestrebten Clubs untergebracht ist, kann für Taxis ein Vermögen hinblättern – die U-Bahn fährt nämlich nur bis ein Uhr morgens! Nachtbusse *(markiert „N", www.tfl.gov.uk)* fahren die ganze Nacht und sind im Preis Ihrer Travelcard mit drin, allerdings sind sie lange unterwegs, oft mit arg Betrunkenen besetzt und bringen Sie längst nicht überall hin. Der beste Tipp, sollten Sie in den wärmeren Monaten hier sein: ein Mietrad nehmen! Seit 2007 darf in Londoner Bars, Pubs und Clubs übrigens nicht mehr gequalmt werden.

NACHT LEBEN

Insider Tipp

COCKTAIL-BARS

AMUSE-BOUCHE [131 E2]

Die Antwort des berühmten Theatermanns und Salonlöwen Noël Coward auf die Frage, warum er Champagner zum Frühstück trinke, war: „Doesn't everyone?" – macht das nicht jeder? Tatsächlich sind heute Champagner-Bars Big Business in London, doch normalerweise ist man unter zehn Pfund nicht dabei. Nette Preise im Amüsierviertel Soho bietet diese Location, wo mehr als ein Viertel der 40 gelisteten Schaumweine auch glasweise zu haben sind. Der Haus-Champagner Georges Lacombes NV beginnt bei freundlichen £ 6.50 (Flasche £ 30) und schmeckt hervorragend. Das Ambiente: Holztische und Ledersofas, Kerzen, lustige Champagner-Zitate an der Wand, sehr nettes Personal. Am Wochenende sollte man reservieren. Abgesehen vom Champagner gibt es Montag, Dienstag und Samstag bis 21 Uhr zwei Bellinis für den Preis von einem, und Samstag zwischen 17 und 21 Uhr 2-for-1-Happy-Hour auf Mint Juleps, Daiquiris, Bellinis etc. *Haus-Schampus £ 6.50 | Mo–Do 16–23.30, Fr bis 1, Sa 17–0 Uhr | 51 Parsons Green Lane | Tel. 73 71 85 17 | www.abcb. co.uk | U-Bahn: Parsons Green | Fulham*

FIFTY FIVE BAR [132 D1]

Die tägliche Happy Hour zwischen 18 und 20 (Fr schon ab 17) Uhr macht diese freundliche Cocktail-Bar in Camden zu einem guten Spartipp

Insider Tipp

ohne Attitüde mit typischen Camden-Indie-Rock-Sounds. Der Raum ist nicht sehr groß, aber im Sommer kann man draußen sitzen. Von den hervorragenden Mojitos bekommen Sie montags den ganzen Abend zwei für den Preis von einem, und sonntags läuft die „2-4-1"-Promotion für alle 200 Cocktails – den ganzen Abend lang. Wer sich für den Newsletter registriert, nimmt an der Verlosung eines £20-Bargutscheins teil. Viel Glück! *Happy-Hour-Cocktails £4 | Mo–Fr 17–0.30, Sa und So 13–0.30 Uhr | 31 Jamestown* *Road | Tel. 74 24 90 54 | www.fiftyfivebar.co.uk | U-Bahn: Camden Town | Camden*

LOST SOCIETY/BLIND TIGER [144 C3]

In dieser preisgekrönten Art-Déco-Nachbarschafts-Bar, einer komplett umgebauten Südlondoner Scheune mit Gebälk aus dem 16. Jh., werden Ihnen zur Happy Hour von Dienstag bis Freitag 17–20 Uhr, Samstag mittags bis 16 Uhr und den ganzen Sonntag über coole Cocktails für £4.50 serviert! Jeden Donnerstag wird zudem bei den „Fondue Thurs-

Mit Cocktailbar, Tanzfläche und freiem Eintritt: Big Chill House

days" die Uhr (sprich Musik) zu den 1980er-Jahren zurückgedreht. Schlürfen Sie Cocktails in zwei hochoriginell dekorierten Stockwerken, im Schwarz-Weiß-Raum oder im Wintergarten, in der Bibliotheks-Bar unter einem riesigen Kronleuchter – und im Garten (gut für Raucher!) dinieren Sie modern europäisch auf dem Mezzanin. Dekadent! *Happy-Hour-Cocktails £4.50 | Di und Mi 17–23, Do bis 1, Fr bis 2, Sa 12–2, So bis 0 Uhr | 697 Wandsworth Road | Tel. 76 52 65 26 | www.lostso ciety.co.uk | U-Bahn: Clapham Common | Wandsworth*

MUSIKBARS UND CLUBS

BIG CHILL HOUSE 🐷 [124 E3]

Gute Chillout-Musik bildet den Soundtrack zu dieser informellen Location mit Cocktailbar und Tanzfläche (plus vegetarischen Leckereien wie Aubergine-Falafel-Burger). Donnerstag bis Samstag zwischen 20 und 2 Uhr legen DJs House und Funk-Breaks auf, Eintritt ist frei, es darf getanzt werden. Im Sommer geht's auf die Dachterrasse. Es werden auch interessante Bio-Tees wie Minze und Chilli oder Roibusch-Birne-Zimt serviert. Weitere Filiale an der Brick

Lane: Big Chill Bar. *Eintritt frei | Mo–Mi u. So 9–0, Do bis 1, Fr–Sa 11–3 Uhr | 257–259 Pentonville Road | Tel. 74 27 25 40 | www.bigchill.net | U-Bahn: King's Cross St Pancras | King's Cross*

BLUES BAR 🐷 [131 E3]

Diese authentische, winzige Bar nahe der Carnaby Street hinter dem Hamleys-Spielzeugemporium präsentiert jeden Abend Live-Blues, -Jazz und Chillsounds – und meistens bei freiem Eintritt! Zwischen Sonntag und Mittwoch kostet der Eintritt nichts, freitags und samstags müssen Sie für den freien Eintritt schon vor 20.30 Uhr da sein; dann können aber auch bei der Open-Mic-Night am Samstag mal prominente Sänger auftauchen. *Eintritt frei außer Fr und Sa ab 20.30 Uhr | Mo–Mi 17–1, Do 18–2, Fr 17–3, Sa 15–3, So 15–0 Uhr | 20 Kingly Street | Tel. 72 87 05 14 | www.aintnothinbut.co.uk | U-Bahn: Oxford Circus | Soho*

NOTTING HILL ARTS CLUB 🐷 [128 C4] Inside Tipp

Im relaxten Notting Hill Arts Club finden Musikfans fast jeden Tag kostengünstige Konzerte und Club-Nights mit internationalem Flair, und

wer vor 20 Uhr kommt, darf gratis rein. Jeden Samstag Nachmittag zwischen 16 und 20 Uhr präsentiert der Club in Zusammenarbeit mit dem Rough-Trade-Label neue spannende Bands – Eintritt frei. Und jeden Mittwoch läuft die sehr beliebte Gratis-„Death2Disco"-Nacht (18.30–2 Uhr). *Eintritt frei bis ca. £5 | Mo–Mi 18–1, Do und Fr bis 2, Sa 16–2, So bis 1 Uhr | 21 Notting Hill Gate | Tel. 74 60 44 59 | www.nottinghillarts club.com | U-Bahn: Notting Hill Gate | Notting Hill*

PASSING CLOUDS   [144 C3]

Um das Musikprogramm (mittwochs bis samstags) dieses unkommerziellen Künstlerkollektivs zu genießen, sollte man sich für alternative Lebensformen interessieren: Individualisten dürften hier beim Bio-Cocktail Seelenverwandte finden. Mittwochs bis samstags gibt's Weltmusik- und Folk-Konzerte/Recitals aus dem Bereich Afro-Reggae und Electro-Swing, und jeden Sonntag Abend ist Kino & Jam-Session. Musiker können ihre Instrumente mitbringen und ihr Scherflein beitragen. Um 19 Uhr wird ein Film gezeigt, ebenfalls gratis. Das Essen (Bohnen-Wraps etc.) ist selbstgekocht, Cocktails kosten um die £5. *Eintritt meist frei, So frei 21–22 Uhr, danach £3 | wechselnde Öffnungszeiten | 1 Richmond Road (Kingsland Road, hinter dem Haggerston-Pub) | Tel. (0)7951/98 98 97 | www.passingclouds.org | U-Bahn: Dalston Kingsland | Dalston*

PLASTIC PEOPLE   [126 A4]

Dieser angesagte Club liegt in Shoreditch, einem Stadtteil, der sich in den letzten Jahren zu einem szenigen Künstlerviertel entwickelt hat. Der Club ist winzig und dementsprechend klein ist auch die Tanzfläche. Aber gerade für seine intime Atmosphäre wird er von den Gästen geschätzt. Die Eintrittspreise sind annehmbar, sie liegen zwischen £3 und £10. Freitags und samstags werden Partys mit DJ veranstaltet, es gibt aber auch Konzerte. *Eintritt ab £3 | 147–149 Curtain Road | Tel. 77 39 64 71 | www.plasticpeople. co.uk | U-Bahn: Liverpool Street, Old Street | Shoreditch*

ROUGH TRADE EAST   [126 C5]

Der East-End-Ableger des originalen Notting-Hill-Plattenladens eignet sich tagsüber hervorragend zum kostenfreien Reinhören in die neuesten Alben an diversen „Listening Posts", ohne Gedränge. Der Laden stellt aber auch regelmäßig neue Indie-Bands oder neue Werke bekannter Acts wie Roots Manuva vor, ohne Eintritt zu nehmen; auf der Webseite nach „In-Store Gigs" schauen. Das Ganze läuft meist über Armbänder (Wrist Bands) – wer am Konzerttag das Album kauft, bekommt automatisch eins, ansonsten werden sie eine Stunde vor Konzertbeginn ausgehändigt; wer zuerst kommt, darf mithören. *Eintritt frei | Old Truman Brewery, 91 Brick Lane | Tel. 73 92 77 90 | www.roughtrade.com | U-Bahn: Liverpool Street | East End/Brick Lane*

THE BLUES KITCHEN 🐷 [123 D2]

Die lockere Late-Night-Blues-Bar in Camden bietet an jedem Tag der Woche ein Live-Konzert mit Blues und Bluegrass-Sounds. Der Eintritt ist entweder den ganzen Abend frei, oder man kommt zumindest bis 22 Uhr kostenlos rein. Sonntags ab 18 Uhr ist Jam-Session: jeder kann mit seinem Instrument die Blues Kitchen-Band unterstützen. 2011 beginnt jeden Mittwoch eine neue

Rhythm-and-Blues-Clubnight. Das gebotene Soulfood – Burger mit allem Drum und Dran, Chilli (knappe zehn Pfund) und Mississippi Pies – sprengt auch nicht die Bank. Ansonsten einfach den Abend über an einem Cocktail (£ 7) festhalten. Unter 18-Jährige sind zwar willkommen, allerdings nur bis 19 Uhr. *Eintritt meist frei | Mo–Mi 12–0, Do 12–1, Fr 12–3, Sa 11–3, So bis 0 Uhr | 111–113 Camden High Street | Tel. 73 87 52 77 | www.theblueskitchen.com | U-Bahn: Camden Town | Camden*

THE SOCIAL 🐷 [131 E2]

Diese beliebte, geschmackvolle Musikbar lockt im West End mit angesagten DJs und neuen Bands. Zu vielen der Livemusik-Nächte ist der Eintritt frei – donnerstags z.B. wird gratis zum Hip-Hop-Karaoke gebeten –, und auch bei kostenpflichtigen Events kommt man vor 20 Uhr oft rein, ohne einen Pence zu zahlen. ==Fragen Sie an der Bar nach „Free Tokens" für die gut bestückte Musikbox, in der sich manch Ohrwurm versteckt.== **Insider Tipp** Dazu werden Baked Beans auf Toast bis 23.30 Uhr serviert. *Eintritt frei bis £ 5 | Mo–Mi 12–1, Do–Sa 12–0 Uhr, So nicht immer geöffnet | 5*

Little Portland Street | Tel. 76 36 49 92 | www.thesocial.com | U-Bahn: Oxford Circus | Fitzrovia

UPSTAIRS AT THE RITZY   [145 D3]

Das Ritzy Kino im quirligen Bezirk Brixton in Südlondon ist ein sehr beliebtes Kino und die Bar im ersten Stock seit vielen Jahren eine Institution der Musikszene, geprägt auch durch die karibischen und afrikanischen Einwanderer. An sieben Abenden der Woche werden in dem kleinen Club, meistens 🐷 kostenfrei, Live-Konzerte gegeben oder DJ-Partys veranstaltet mit den multikulturellen Sounds von Reggae, Afro-Beat, World-Jazz, Folk, Blues und Balkan. *Brixton Oval | Coldharbour Lane | Tel. 73 26 26 15 | www.picture houses.co.uk/cinema/ritzy_picture-house/upstairs | U-Bahn: Brixton, Brixton*

PUBS

HEN AND CHICKENS PUBTHEATRE   [145 D2]

In dieser so freundlichen wie günstigen viktorianischen Theater- und Standup-Comedy-Bar spüren Sie den Herzschlag der aktuellen Londoner Theaterszene und schlagen zwei Fliegen mit einer Klappe: Show- und Pub-Besuch. Auf der winzigen Bühne werden zeitgenössische Theaterstücke und Comedy-Acts präsentiert, Eintrittspreise beginnen bei sozialen £ 5, und Spätentscheider können eine halbe Stunde vor Beginn übrig gebliebene Tickets günstiger

CLEVER!

> Online gratis buchen

Eventbrite ist eine Art Online-Ticket-Selbstbedienungsladen für Album-Chartshows in Clubs, Livekonzerten und Comedy, viele davon sind gratis. Sie müssen sich noch nicht mal registrieren, sondern geben einfach Ihre E-Mailadresse und bekommen die Tickets als pdf-Dokument zugemailt. Unterm Link *www.eventbrite.com/directory?q=free&loc=london&page=1* findet sich eine Liste von Gratis-Events, und unter *www.eventbrite.com/directory?q=music&loc=london&page=1* eine Liste von Musik-Events.

erstehen (nur cash). An der Bar gibt es ein Dutzend frisch gezapfter Biersorten, im Winter Glühwein und Grog. Wer sich auf der Website registriert bzw. Feedback zu seinem Besuch hinterlässt, nimmt automatisch an der Verlosung eines Dinner mit Wein teil. *Eintritt ab £5 | Mo–Do 17–0.30, Fr und Sa 12–1.30, So 12–0 Uhr | 109 St Paul's Road | Tel. 73 54 82 46 (Pub), 77 04 20 01 (Theater) | www.thehenandchickens theatrebar.co.uk | U-Bahn: Highbury & Islington | Islington*

HOOP AND GRAPES [134 B2]

In diesem traditionellen Pub zwischen modernen Hausfassaden bewegen sich die Preise für Ale (britisches Dunkelbier, traditionell lauwarm getrunken) unter dem Durchschnitt, und es gibt Angebote wie „Zwei Frühstücke für £10" und Ale-Tasting-Proben (£1 für ein Drittel-Pint). Eine gemischte Klientel von City-Gents, Studenten und Kreativen besetzt wochentags die mit Leder ausgeschlagenen Separees und probiert sich durch die vier Ale-Sorten, vielleicht aus Cornwall, Yorkshire oder East Anglia. *Pint Ale ca. £3 | Mo–Fr 10–23 Uhr | 47 Aldgate High Street |* *Tel. 74 81 45 83 | www.nicholson spubs.co.uk | U-Bahn: Aldgate, Aldgate East | City*

NEWMAN ARMS [131 E2]

Seit Generationen ist dieser Pub bereits in Familienbesitz. Dementsprechend legendär sind die nach altem Hausrezept hergestellten hervorragenden Pies. Sie werden oben im ersten Stock im sogenannten „Pie Room", den man über eine schmale Treppe neben der Bar erreicht, serviert. Unten im Gastraum werden ebenfalls Kleinigkeiten angeboten. Auch das frische Bier sollte man unbedingt probieren. Der Pub ist sehr alt, sehr beliebt bei den Stammkunden in Fitzrovia und diente in der Vergangenheit mehrmals als Filmkulisse für diverse Streifen. *Kleinigkeiten wie Toast ab £1.50 | Mo–Fr 12–0 Uhr (Küche: 12–15 und 18–22 Uhr) | 23 Rathbone Street (off Charlotte Street) | Tel. 76 36 11 27 | www. newmanarms.co.uk | U-Bahn: Goodge Street | Fitzrovia*

RED LION [131 E4]

„Rote Löwen"-Pubs gibt's einige in London, aber hier sind die Preise ein Schnäppchen, besonders in Anbe-

tracht des schönen Dekors und der Lage – mitten im schicken St James, in einer Seitenstraße der eleganten Hemdenschneider-Meile Jermyn Street. Mit etwa sechs Pfund sind Sie beim „Pie and Pint" dabei: drei Sorten Pies (Achtung: können früh ausverkauft sein) für nur £3 plus ein Pint (ca. 0,5 l) Real Ale. Das Ambiente in diesem kleinen, aber feinen viktorianischen Gin-Palast ist sehr freundlich, die Klientel angenehm gemischt. *Ale ca. £3.50 pro Pint, „Pie & Pint" ca. £6 | Mo–Sa 11.30–23 Uhr | 2 Duke of York Street | Tel. 73210782 | www.fullers.co.uk | U-Bahn: Piccadilly Circus | St James*

THE BEDFORD [144 C3]

In diesem ausgedehnten Eck-Pub im Südlondoner Stadtviertel Balham läuft an den meisten Abenden irgendeine günstige Aktion. Montags ist Quizabend, für nur £1 pro Nase können Sie Ihr eigenes Team aufstellen, das Ganze startet um 21 Uhr. Montags bis donnerstags läuft Livemusik. Das Bedford ist zudem berühmt für hochkarätige Comedy. Wer nicht die £12 bis £16 für das Wochenend-Banana Cabaret ausgeben möchte: Jeden Dienstag um 20.30 Uhr präsentieren sich im Obergeschoss aufstrebende Comedy-Acts für £3, während alte Hasen neues Material ausprobieren. *Veranstaltungen gratis bis £16 | Mo–Fr 15–0, Sa 11–2, So 12–0 Uhr | 77 Bedford Hill | Tel. 86828940 | www.thebedford.co.uk | U-Bahn: Balham | Balham*

THE MOON UNDER WATER [131 F4]

Wetherspoons ist als billigste Pub-Kette des Landes legendär. In dieser superzentralen, wenn auch von außen vielleicht nicht so ansprechenden Filiale verbindet sich ein günstiges Pint mit preiswertem Essen. Leider heißt es oft anstehen, aber für das teure West End sind die Tarife unschlagbar: Sie essen mit einem Pint Bier für weniger als zehn Pfund. *Pint ca. £3.20 | Mo–Do 8–23, Fr–So 8–0 Uhr | 28 Leicester Square | Tel. 78392837 | www.jdwetherspoon.co.uk | Soho*

RUND UM DIE UHR

BEIGEL BAKERY [126 C4]

Dieser Bagel-Takeaway ist einer der wenigen Überbleibsel des alten jüdischen East End. Heute besteht die Klientel für die spottbilligen, frischen Heferinge mit Cream Cheese,

Lachs oder Salzbeef aus Einheimischen und Late-Night-Clubbern, die hier um 4 Uhr einen Snack vernaschen. *Bagel ab 70 Pence | rund um die Uhr geöffnet | 159 Brick Lane | Tel. 77 29 06 16 | U-Bahn: Old Street, Liverpool Street | Spitalfields*

PONTI'S   [134 B2]

Mit seiner praktischen Location gegenüber Liverpool Street Station, Öffnungszeiten rund um die Uhr und superniedrigen Preisen bei lockerer Atmosphäre zieht dieses italienische Caff zu später Stunde natürlich alle möglichen Leute an. Das Essen ist nichts Besonderes, aber um sich bei einer billigen Tasse Tee und einem Snack aufzuwärmen für den Rest der langen Partynacht, taugt es prima. *All-Day Frühstück ab £2.90 | 24 Std. geöffnet | 176 Bishopsgate | Tel. 72 83 48 89 | www.pontis.co.uk | U-Bahn: Liverpool Street | City*

TANZSTUNDEN

GUANABARA 🐷   [132 A2]

Der größte brasilianische Late Night Club in London bietet auf einer großen Tanzfläche ansteckenden Samba, Forró – ein Mix aus europäischen, afrikanischen und brasilianischen Rhythmen – und Gratis-Tanzkurse. Montags sind Eintritt und der Samba-Kurs umsonst, dienstags zahlt man £5, hat dafür aber Gele-

CLEVER!

> Webseiten für schlaue Sparer

Eine hervorragende Quelle für Events, die entweder gratis oder sehr günstig sind, ist *www.freelondonlistings.co.uk*. Eine weitere nützliche Website ist auch *www.youngandpoor.co.uk* (auf Facebook vertreten), die, wie der Name schon andeutet, für „junge arme Leute" aktuelle Gratis-Gigs und Live-Musik aufzeigt. Das Voucher-System funktioniert übrigens auch beim Nightlife, d.h. ein Besuch der guten Voucher-Homepages wie *www.vouchercodes.com* lohnt sich auch für reduzierte Pub-Drinks und Champagner-Tapas; meist angeboten von Pub-Ketten wie Slug & Lettuce oder All Bar One.

genheit, um 18.30 und 19.30 den Zumba-Unterricht mitzunehmen. Wer Sonntag früh kommt, kann gratis Forró erlernen, an anderen Tagen klettern die Tarife bis £ 10. Unter 18-Jährige haben keinen Zutritt. *Eintritt: Kurse Mo und So gratis | Mo–Sa 17–2.30 Uhr, So bis Mitternacht | Parker Street | Tel. 72 42 86 00 | www.guana bara.co.uk | U-Bahn: Holborn, Covent Garden | City*

SALSAGOLD 🐷 [125 D5]

Sie wollten immer schon mal Salsa lernen? Dienstags und mittwochs haben Sie über den Salsagold-Veranstalter Gelegenheit dazu, und zwar vollkommen umsonst! Sowohl Paare als auch Einzelpersonen sind willkommen. Freitags findet der Kurs in einer anderen Location statt. *Kurse gratis | Di und Mi 18.30 Uhr | Murphis Bar, 102–108 Clerkenwell Road | Tel. (0)7971/53 08 12 | www.salsa gold.co.uk | U-Bahn: Farringdon | Clerkenwell*

UND AUSSERDEM ...

FOLK SOCIETY [122 C1]

Es muss ja nicht immer House, Dub oder Techno sein: Die Gesellschaft für englische Folk- und Tanzmusik

bietet Ceileigh-Tanzabende, Workshops und Konzerte an, bei denen Sie das Tanzbein schwingen bzw. die Szene kennen lernen können – kostet tut das Ganze nur wenige Pfund. *Eintritt ab £ 5 | Cecil Sharp House, 2 Regent's Park Road | Tel. 74 85 22 06 | www.efdss.org | U-Bahn: Camden Town | Camden*

NIGHTLIFE-TOUR [132 A2] Insider Tipp

Sie wollen Londons Nachtleben erkunden, ohne viel Geld ausgeben, stundenlang in der Kälte anstehen oder Türsteher überwinden zu müssen? Beim dreistündigen „London Pub Crawl" erhalten Sie zum günstigen Tarif einen prima Überblick über Bars, Clubs und traditionelle Pubs und müssen nichts selber planen. Super: Vier Getränke sind im günstigen Preis der Tour inbegriffen (Achtung, nicht übernehmen!). Und der Partyguide nennt auch günstige Transport-Optionen für den Rückweg, denn nüchtern bleiben wohl die wenigsten Nachtschwärmer. Unbedingt Pass mitbringen! *Preis £ 15 | Tgl. 19.30 Uhr | Treffpunkt vor Belushi's, Covent Garden | www.newlondon-tours.com | U-Bahn: Covent Garden | Covent Garden*

> London bietet alles von günstigen Kapselhotels bis zur Wohnbörse – so kommen Sie preiswert zur Ruhe

Studentenwohnheime, Hotelketten, Apartments für Selbstversorger, coole Hostels – Low Budget-Reisenden stehen in London viele Optionen offen. Der wichtigste Tipp: früh drangehen, die preiswertesten Optionen sind schnell ausgebucht. Außerdem müssen Sie ein paar Grundentscheidungen treffen. Was ist wichtiger, Komfort oder Anbindung an die U-Bahn? Brauchen Sie Platz, brauchen Sie jeden Tag ein Frühstücksbuffet, brauchen Sie unbedingt … ein Fenster (wer nur spät zum Schlafen kommt, kann vielleicht sogar darauf verzichten)? Jogger und Familien schauen vielleicht auch auf der Karte nach dem nächstgelegenen Park. Eine Möglichkeit, an die man vielleicht nicht gleich denkt, ist Camping, und zwar nicht nur für Reisemobil-Urlauber oder Zeltfreaks – auf einigen Plätzen gibt es zum Beispiel komfortable „Cocoons", kleine günstige Wohnkabinen. Besonders eigen sind die stylisch designten Yotel-Kapselhotels an den Flughäfen Heathrow und Gatwick, deren Zimmer auch stundenweise zu mieten sind. Und: In den Semesterferien werden Londons Studenten aus ihren Wohnheimen herauskomplimentiert, damit die Unis die Zimmer an Reisende vermieten können – prima!

SCHLAFEN

GÜNSTIGE HOTELS

HAMPSTEAD VILLAGE GUESTHOUSE [144 C2]

Dieses viktorianische Guesthouse ist einen Katzensprung vom Hampstead Heath gelegen und per Piccadilly Line nur zwanzig Minuten von der Innenstadt entfernt. Familien oder Gruppen wohnen günstig im Garten-Haus mit eigener Küche (£175 für fünf Personen). Solo-Traveller, die nichts gegen ein Gemeinschaftsbad einzuwenden haben, sind schon mit £60 dabei. Auf Wunsch gibt's auch ein Frühstück (£7), im Sommer sogar im Garten. Und die Nähe zur grünen Lunge Nordlondons mit seinen Gratis-Aktivitäten wie Kenwood House ist klasse! *EZ ab £60, DZ ab £90, Garten-Studio ab £105 | 9 Wohneinheiten | 2 Kemplay Road | Tel. 74 35 86 79 | www.hampstead guesthouse.com | U-Bahn: Hampstead | Hampstead*

JESMOND HOTEL [123 F5]

Wer eine privatere Atmosphäre mag, ist in diesem familienbetriebenen Hotel mit nur 15 Zimmern genau richtig. 9 der sauberen Räume haben ein eigenes Bad mit Dusche, die Preise liegen zwischen £60 und £145. Die Zimmer mit Gemeinschaftsbad sind etwa £10 günstiger. Das Hotel liegt zentral, die West End-Theater, Soho und Covent Garden sind in ein paar Minuten zu Fuß zu erreichen. 🚩 Kostenloses Internet und Frühstück von 7.30 bis 9.30 Uhr. *EZ ab £50, DZ ab £80, Dreibettzi.*

ab £ 105, Vierbettzi. ab £ 135 | 63 Gower Street | Tel. 76 36 31 99 | www.jesmondhotel.org.uk | U-Bahn: Goodge Street, Bloomsbury

STYLOTEL [129 F2]

Die Zimmer und Badezimmer mögen klein sein, aber dank des freundlichen Service und guter Lage neben Paddington Station – gut für Heathrow-Fluganreiser, Hyde Park-Spaziergänge und Oxford Street-Shopper – ist das Stylotel eine feine Wahl für kleine Budgets. Das coole Dekor glänzt in Blau und Metall, Platz für Gepäck ist unterm Bett. Das Früh-

Klimatisierte Zimmer, nette Rezeption: Tune Hotel

stück zu £6 verwöhnt mit einer reichen Auswahl, Tee und Kaffee gibt's gratis in der Lobby. Internet kostet 2 Pfund pro Stunde. *EZ ab £62, DZ ab £85, Dreibettzi. ab £109, Vierbettzi. ab £129, Suite ab £129 | 46 Zimmer | 160-162 Sussex Gardens | Tel. 77 23 10 26 | www.stylotel.com | U-Bahn: Paddington | Paddington*

TUNE HOTEL [140 C2]

„Fünf Sterne-Komfort schon zum Ein-Stern-Preis" ist der leicht übertriebene Slogan des Tune Hotels: die klimatisierten Zimmer sind winzig, Sie öffnen die Badezimmertür und stehen direkt in der Dusche, aber die Betten sind komfortabel, das Dekor ist modern, das Personal freundlich. Zwölf der 79 Zimmer haben keine Fenster, aber vier sind behindertengerecht. Um den Basispreis von £25 zu erhalten, müssen Sie sich beim Buchen sputen. Ihre Extras stellen Sie dann selbst zusammen: Frühstücks-Set (£4,95 etwa für Kaffee, O-Saft, Teilchen), Handtücher, Internet, Fernseher… Außerdem sehr schön praktisch: Der kleine Supermarkt gegenüber ist rund um die Uhr geöffnet. *DZ ab £25 | 79 Zimmer | 118–120 Westminster Bridge Road | Tel. 76 33 93 17 | www.tunehotels. com | U-Bahn: Lambeth North | Westminster*

UMI HOTEL [128 C3] Insider Tipp

Dieses brandneue, zeitgenössisch eingerichtete Budgethotel bietet eine superbreite Spanne an Räumen, vom Hochbett-Viererzimmer (ab ca. £110, „Bunk Rooms") bis zum Einzelzimmer mit Annehmlichkeiten wie laptopgerechtem Safe oder einem sympathischen Massageservice. Internet kostet ein bisschen extra, aber auf alle festen Buchungen, die bis zu einer Woche vor Ankunft gemacht werden, gibt es noch einen Zusatz-Rabatt von 10 Prozent. Die Location ist Bayswater, seit Neuestem liegt das Hotel nicht mehr in der Citymaut-Zone. „Umi" ist übrigens japanisch für „Meer". *EZ ab £59, DZ ab £79, Dreibettzi. ab £90, Vierbettzi. ab £110 | 73 Zimmer | 16 Leinster Square | Tel. 72 21 91 31 | Freephone in UK 0800/32 88 76 | www.umihotellondon.co.uk | U-Bahn: Bayswater | Bayswater*

YOTEL Insider Tipp

Sie haben Ihren Rückflug zu Sonnenaufgang oder brauchen eine Mütze

Schlaf vor der ersten Erkundung der Stadt? Die stylisch designten Yotel-Kapselhotels an den Flughäfen Heathrow und Gatwick, jeweils zwei Fußminuten von der Ankunftshalle entfernt, bieten Komfort auf kleinem Raum und sind pro Nacht oder auch nur für ein paar Stunden buchbar (ab £25). Sie haben die Wahl zwischen Premium (Doppelbett), Twin (Hochbetten) und Standard (ein großes Bett). Alle Kapseln haben ein eigenes Bad,  Gratis-WLAN, Flachbildschirm-Fernseher und 24-Stunden-Kabinenservice. Die Rezeption ist ebenfalls 24 Stunden besetzt. Sogar eine Handy-Ladestation gibt es. Nichts für Klaustrophobiker, aber eine günstige Option. *EZ für 4 Std.*

£25, Twin £40, dann pro Std. £6.50 | 32/46 Zimmer | Heathrow (Terminal 4) [144 C2] *und Gatwick South Terminal* [144 C4] *| Tgl. 24 Std. | Tel. 71 00 11 00 | www.yotel.com*

HOSTELS

CLINK HOSTELS [124 E3]

Im relativ neuen, aber schon preisgekrönten Style-Hostel Clink78 betten preisbewusste Traveller ihr Haupt nahe King's Cross in japanisch inspirierten Kapselbetten. In diesem „Vintage-Hostel", einem ehemaligen Gerichtsgebäude, kann man auch eine einstige Gefängniszelle als Quartier wählen! Es gibt eine Bar, Internet, Gratis-Stadtführungen und einen praktischen Minisafe im Schlafsaal.

CLEVER!

> Gute Nacht im Gästezimmer

Auf der 2008 ins Leben gerufenen kalifornischen Web-Plattform *www.airbnb. com* bieten auch Londoner ihr „Spare Room"-Gästezimmer zur Miete an. Wie wär's zum Beispiel mit einer sonnigen Wohnung im schicken Chelsea, einem Designer-Apartment in der Nähe des Eurostarbahnhofs oder einem supergünstigen Loft in Hackney? Die Besitzer beschreiben das Zimmer mit Text und Fotos; teilweise sind auch schon Gäste-Kritiken gelistet. Sie kommunizieren und verhandeln direkt mit dem Anbieter – die Sparmöglichkeiten sind immens. Seit 2010 gibt's den Service auch als iPhone-Application.

SCHLAFEN

Wer es noch netter will, kann das etwas teurere, intimere Boutique-Hostel Clink261 nahebei ausprobieren, eine ehemalige Jugendherberge mit echtem Kamin, Selbstversorger-Küche, Fernsehzimmer mit riesigem Plasmabildschirm und coolem Internet-Raum. *Schlafsaalbett ab £9, DZ ab £40 | 719 Betten | 78 King's Cross Road | Tel. 71 83 94 00 | www.clink hostel.com | U-Bahn: King's Cross St Pancras | King's Cross*

KEYSTONE HOUSE [124 E3]

Dieses Hostel in einem hübschen viktorianischen Backstein-Eckhaus nahe King's Cross ist erst ein Jahr alt, deshalb sieht alles noch so schön frisch aus. Auf der hauseigenen Dachterrasse gibt es jeden Samstag um 18 Uhr einen Gratis-Willkommensdrink. Grillen geht dort auch. Die freundliche Rezeption und ein günstiges Internetcafé mit WLAN sind weitere Pluspunkte. Hostel-Gäste bekommen 15 Prozent Discount im angeschlossenen Restaurant, wo auch das Frühstück (£3.50) eingenommen wird. Einer der beiden 16-Betten-Schlafsäle ist nur für Frauen. Prima: Der Concierge-Mann sucht Ihnen den besten Deal für die Londoner Shows. *Schlafsaalbett ab £17, DZ ab £23 | 100 Betten | 272-276 Pentonville Road | Tel. 78 37 64 44 | www.keystone-house. com | U-Bahn: King's Cross St Pancras | King's Cross*

MEININGER HYDE PARK [137 E3]

Das bereits in Berlin erfolgreiche und 2009 von der Stiftung Warentest für „gut" befundene Meininger Prinzip ist ein Hybrid aus Hotel und Hostel und bietet sowohl private als auch geteilte Unterkunft – zu äußerst sozialen Preisen ab £15 für ein Schlafsaalbett und ab £39 fürs Einzelzimmer. Das Meininger Hyde Park mit knapp 50 Zimmern befindet sich in der Nähe des Triumvirats der South Kensington-Museen (Natural History, Science und Victoria & Albert), der Royal Albert Hall und Harrods. Angenehm sind die Blicke aus dem Frühstücksraum und von der Dachterrasse, die im Sommer zum Chillen und auch zum Grillen genutzt werden kann. Die Betten ganz oben mit Bad auf dem Gang sind am günstigsten. *Schlafsaalbett ab £15, EZ ab £39, DZ ab £57 | ca. 220 Betten | Baden Powell House | 65-67 Queen's Gate | Tel. 75 90 69 10 | www.meinin*

ger-hotels.com | U-Bahn: Gloucester Road, South Kensington | South Kensington

NHS SMART RUSSELL SQUARE   [124 A5]

Insider Tipp

Und hier kommt die allergünstigste Option: Im großen Flaggschiff der Smart-Hostelkette beginnen die Deals ab £9 für ein Bett im gemischten 24-er Schlafsaal! NHS steht für „National Health Service", das britische Gesundheitssystem, die Schilder sind noch da und es kann etwas verwirrend zu finden sein: einfach links raus aus der U-Bahn Russell Square, die erste links und dann wieder links. Ein £10 Sicherheits-Deposit (prinzipiell für die Bettwäsche)

garantiert, dass die Gäste nicht den Check-Out um 10 Uhr verpassen, rauchen oder lärmen. Haben Sie Ihr Handtuch vergessen, können Sie hier eins kaufen, für £5. Die Bettwäsche und das Frühstück sind inklusive bei diesem absoluten Low Budget-Angebot. Freundlich und wohl der beste Deal in der Stadt. *Schlafsaalbett ab £9 | 475 Betten | 70-72 Guilford Street | Tel. 78 33 88 18 | www.smart backpackers.com | U-Bahn: Russell Square | Bloomsbury*

PICCADILLY BACKPACKERS   [131 E3]

Insider Tipp

Der Gewinner der British Youth Travel Award 2010 rühmt sich, das zentralste Hostel in London zu sein. Die

CLEVER!

> Coole Sache: Couchsurfing

Bei diesem in San Francisco erfundenen Unterkunfts-Netzwerk – global, online und für viele der zwei Millionen Mitglieder ein Lifestyle-Konzept – geht es um Kontakt und Interaktion, nicht nur um Schlafplatzschnorren. Verwenden Sie ein bisschen Zeit auf Ihr Profil, verfassen Sie Ihre Anfrage für eine „Couch" (kann auch ein Bett sein oder oft auch ein ganzes Zimmer) persönlich und gehen Sie unbedingt auf die Interessen Ihres potentiellen Gastgebers ein; London gilt selbst in Couchsurferkreisen als harte Nuss. Für den Notfall gibt's die London-Last-Minute-Couch. In jedem Fall: schließen Sie sich online der London-Untergruppe an; so ist das social life gleich mitorganisiert. *www.couchsurfing.org*

Preise pro Nacht beginnen ab £ 12, es gibt auch Einzel- und Doppelzimmer. Die großzügigeren „Pod" oder „Premium"-Zimmer wurden von japanischen Budgethotels inspiriert und von den Hostel-Art-Künstlern verschönert. 🐷 Tipp: Gratis-WLAN auf manchen Etagen, nachfragen! Der Internationale Studentenausweis bringt einen Rabatt. Achtung: 16- bis 18-Jährige müssen entweder von einem Erwachsenen begleitet sein oder einen entsprechenden Brief mit Reiseerlaubnis dabeihaben! *Schlafsaalbett ab £ 12, DZ ab £ 65 | 700 Betten | 12 Sherwood Street, Piccadilly Circus | Tel. 74 34 90 09 | www.piccadillyhotel.net | U-Bahn: Piccadilly Circus | Piccadilly*

SAFESTAY [141 E4]

In einem Gebäude aus dem 19. Jahrhundert ist dieses neue moderne Hostel untergebracht. Die Zimmer sind geräumig und gefallen mit frischem Design. Das Hostel befindet sich am südlichen Themse-Ufer, Bars, Cafés sowie die Museen der South Bank sind nicht weit entfernt und man kann einen guten Blick auf Londons neuestes Hochhaus, The Shard, werfen (mit 320 Metern ist es das höchste Gebäude West-Europas). Mit der Bakerloo-Linie kommt man in nur zehn Minuten direkt in die City. Ein großer beleuchteter Garten, eine kleine Bücherei und ein Billardraum sorgen für Entspannung und Abwechslung. Internet und Frühstück sind im Preis inbegriffen. *Schlafsaalbett (4–8 Betten) ab £ 18 pro Person, DZ mit Etagenbett ab £ 58 | 144–152 Walworth Road | Tel. 77 03 80 00 | www.safestay.co.uk | U-Bahn: Elefant & Castle*

HOTELKETTEN
EASYHOTELS

Wer ganz wenig Platz und nicht unbedingt ein Fenster braucht, dem bietet die bekannte orange Fluglinie ein halbes Dutzend Hotels in der Stadt in zentralen Lagen: unter anderem South Kensington (für die Museen von South Kensington und Harrods), Earl's Court, Paddington (gut für Transport nach Heathrow) und Victoria (5 Min. von Victoria Station), und ganz neu am Barbican-Kulturzentrum mit seinen Gratis-Events. Dazu kommt jeweils ein Ableger nahe beim Flughafen Heathrow (Achtung Flugschneisenlärm) und in Luton Town für Billigflieger von Luton Air-

port. Die Belegungsrate ist sehr hoch (über 99 Prozent beim easyHotel Victoria), kein Wunder bei den Zimmerpreisen ab £29, da heißt es früh buchen! *Zimmer ab £29 | www.easyhotel.com*

ETAP [145 D2]

Die funktionalen Hotels der französischen Accor-Kette liegen ein bisschen außerhalb, bieten dafür aber einen absolut unschlagbaren Preis: ab £35 pro super-einfachem, aber sauberem Zimmer mit eigenem Bad, egal ob mit ein, zwei oder drei Perso-

nen belegt! City Airport (North Woolwich Road) ist die beste Option, fünf Minuten von der Dockland Light Railway Station (nutzbar mit Ihrer Travelcard) entfernt – in 25 Minuten sind Sie in der Innenstadt (Zimmerpreise hier allerdings ab 55 Euro). Beim Sparen gut fühlen: ETAP setzt als einzige Budgetkette auf Fairtrade-Kaffee! *Zimmer ab £35 | www.etaphotel.com*

PREMIER INN [140 B1]

Lage, Lage, Lage: Das Flaggschiff der Premier Inn-Budgetkette befindet

Schneller Check-in, Preise ab 29 Pfund: Premier Inn

sich im denkmalgeschützten ehemaligen Stadtverwaltungsgebäude County Hall, direkt neben dem London Eye und gegenüber den Houses of Parliament – besser geht's nicht! Der Blick aus dem Zimmer führt wahrscheinlich eher nach hinten raus (nachfragen!), aber was soll's? Die Online-Preise beginnen bei £29. Noch günstiger wird's im Schwesterhotel Tower Bridge. *Zimmer ab £29 | über 20 Hotels in Greater London | Belvedere Road | Tel. 0871/527 86 48 | www.premierinn.com | U-Bahn: Westminster | South Bank*

TRAVELODGE [133 D5]

Diese zu Recht bei Budget-Travellern beliebte Kette hat simple, saubere Zimmer in einem Dutzend Londoner Locations. Vielleicht müssen Sie früh beim Frühstück sein, um das Beste abzukriegen, mal den Extra-Handtüchern für die Kinder hinterher rennen, aber bei Preisen ab £23.50 *(21 Tage vorher zu buchen, £29 sieben Tage vorher)*, wer will da meckern? Besonders empfehlenswert ist die super gelegene Travelodge Southwark *(202–206 Union Street, Tel. 0871/9 84 6352, U-Bahn: Southwark)* am südlichen Themse-Ufer nahe Borough Market, Globe Theatre und Tate Modern. Das Frühstück kann man auch in einem der vielen Cafés ringsum einnehmen. *Zimmer ab £23.50 | ca. 50 Hotels in Greater London | www.travelodge.co.uk*

STUDENTEN-WOHNHEIME

LSE PASSFIELD [123 F4]

Diese Studentenunterkunft der prestigeträchtigen London School of Economics lockt Ostern, im Sommer und über Weihnachten/Neujahr mit Zimmern zu studentenbudget-tauglichen Preisen, die auch Nicht-Studenten buchen können. Eine der Unterkünfte ist super gelegen nahe dem British Museum, eine weitere unweit von Oxford Street und eine dritte in der Nähe der Islingtoner Upper Street. *45 EZ ab £39, DZ ab £52, Dreibettzi. ab £70, alle B&B | Mitte Dez.–Anfang Jan., Ende März–Ende April, Anfang Juli–Ende Sept | 1-7 Endsleigh Place | Tel. 71 07 59 25 und (0)844/770 43 02 | www.lsevacations.co.uk/ob | U-Bahn: Russell Square | Bloomsbury*

LSE TOPFLOOR!

Um die exklusiven Zimmer, Studios und Apartments von LSE TopFloor!

zu buchen, muss man nicht erst auf die Semesterferien warten. Die Unterkünfte der London School of Economics sind zudem luxuriöser als andere Studentenheime, die Preise ab £ 80 für ein Zimmer mit eigenem Bad und Frühstück oder ab £ 100 für ein Apartment durchaus noch im Rahmen. *EZ ab £ 80, DZ ab £ 84, Apartments ab £ 100 | 47 Betten | Tel. 79 55 76 76 | www.lsetopfloor.co.uk*

UNIVERSITY OF WESTMINSTER [131 D2]

Für die Zeit der Semesterferien bietet die University of Westminster im Sommer Einzel- und Doppelzimmer zu günstigen Preisen für Gäste aus aller Welt an. Die Unterkünfte zwischen £ 35 und £ 70 sind auf fünf Häuser verteilt und liegen sehr zentral. Die West End-Theater und viele Sehenswürdigkeiten wie die Houses of Parliament sind in kurzer Zeit gut zu Fuß zu erreichen. Bettwäsche und Handtücher sind inklusive, ebenso wie die Internetnutzung. Eine Küche für Selbstversorger ist auf jeder Etage vorhanden. *EZ ab £ 35, DZ ab £ 44 | Anfang Juni bis Mitte September | 309 Regent Street | Tel.*

Studentenwohnheim der besonderen Art: LSE Passfield

79 11 51 81 | *www.westminster.ac.uk/ business/facilities-and-services* | U-Bahn: Oxford Circus

WOHNBÖRSEN UND PORTALE

FLASH SALES

Bei den sogenannten „Flash Sales" bieten Hotelbuchungs-Seiten wie die hervorragende *www.hotelconnect. co.uk* (viele 4-for-3 Nächte-Angebote; registrieren Sie sich und Sie können einen £100-Voucher gewinnen) für einen ganz kurzen Zeitraum – ein bis zwei Stunden – unglaublich niedrige Preise. Der Trick ist natürlich zu wissen, wann diese Flash Sales laufen. Registrieren Sie sich für Gratis-Newsletter von „Deal-Scanning"-Webseiten wie *www.moneysa vingexpert.com* oder *www.dealch ecker.co.uk*. Computer-Experten lassen sich per Twitter oder RSS-Feeds ständig auf dem Laufenden halten.

HAUS-SITTING 🐷

Solide Zeitgenossen (idealerweise mit Referenzen ausgestattet) können anbieten, gratis auf Haus und Haustiere aufzupassen, über Seiten wie die kostenlose *www.housecarers. com*. London ist natürlich beliebt und

die Konkurrenz groß, aber probieren kann man's ja mal. Achtung: Wer sich bei professionellen Petsitting-Agenturen registriert, um mit dem Aufpassen auf Rex oder Fluffycat Geld zu verdienen, muss sich einem Bewerbungsprozess unterziehen und ist oft Restriktionen wie Alkoholverbot oder ständiger Anwesenheitspflicht unterworfen – vielleicht nicht unbedingt das, was man sich von seiner Zeit in London so wünscht.

HOME SWAP 🐷

Warum nicht mal das eigene Haus oder die eigene Wohnung mit Londoner Haus- oder Wohnungsbesitzern tauschen? **Insider Tipp** Günstiger geht's nun wirklich nicht. Auch Mietern steht diese Möglichkeit des „Home Swap" zur Verfügung, und ein Haustausch kann das ganze Jahr über (und muss nicht unbedingt zeitgleich) erfolgen. Ein Gratis-Portal ist *www.homefor home.com*, der deutschsprachige Ableger eines dynamischen spanischen Internetportals. Eine Riesen-Sparmöglichkeit! Die Website von Londonern für Londoner, *www.gum tree.com*, bietet u.a. Gratis-Anzeigen zu Wohnungstausch und Mitwohn-Angeboten.

LONDON BED & BREAKFAST

Die Spanne der von London Bed & Breakfast aus Bensheim vermittelten Gästezimmer in London reicht bis ins Low Budget-Segment; B&B Preise beginnen ab 40 Euro pro Person pro Nacht inkl. Frühstück, Langzeitmieten beginnen bei 200 Euro pro Woche (inkl. aller Nebenkosten, keine Kaution). Statt Call-Center gibt's hier persönlichen Service: Frau Weichselbergers Team inspiziert alle Zimmer regelmäßig und sucht Ihnen was Feines raus. *B&B pro Person ab 40 Euro | Felsbergstr. 22 B | 64625 Bensheim | Tel. 06251702822 | www.bed-breakfast.de*

ONLINE-INFO

Webseiten wie die offizielle Plattform der dynamischen Touristeninformation *www.visitlondon.com, www.londonhotelsinsight.com, www.lastminute.com* oder *www.booking.com* bieten gute Rabatte, letztere auch bisweilen mit wertvollem Gäste-Feedback. Das preisgekrönte, deutsche kommerzielle Online-Portal *www.weg.de* offeriert beispielsweise Übernachtungen inklusive Frühstück im zentralen Dreisterne-Hotel ab 33 Euro pro Nase. Die Webseite *www.budgetplaces.com* hat Call-Center auch in Deutschland und eine Tiefpreisgarantie.

SECRET SALES

Wer mit einem gewissen Überraschungs-Moment leben kann, spart bei Online-„Geheimverkäufen" von Hotelkontingenten möglicherweise viel Geld – das geht zum Beispiel über *www.visitlondon.com*. Das Prinzip ist simpel: Sie geben ein, welches Datum Sie wünschen, dazu die Personenzahl und Ihr Budget – schon sucht das System etwas Passendes aus und bucht Sie auch direkt ein, will heißen: top, das Hotel gilt! *www.lastminute.com* bietet diesen Service ebenfalls an. Ein Tipp: wenn Sie die Beschreibung des Hotels in Google oder Tripadvisor eingeben, erscheint oft genau Ihr Hotel, ansonsten hilft die Website *www.secrethotelsrevealed.co.uk* weiter.

ZELTPLÄTZE

ABBEY WOOD [145 D2]

Dieser preisgekrönte, ganzjährig geöffnete Campingplatz mit viel Raum für Wohnmobile und Zelte liegt im Südosten der Stadt; das schöne Greenwich ist nicht weit. Das Ganze wirkt fast ländlich mit altem Baumbestand auf sanft gewelltem Gelände, doch in 35 Minuten sind Sie in der Innenstadt. In der Nähe befindet sich ein Ablegepunkt für Fluss-Sightseeingfahrten zwischen Greenwich, Tower Bridge, Westminster sowie Kew, Richmond und Hampton Court auf der anderen Seite der Stadt. Es gibt einen WLAN-Bereich. *210 Stellplätze ab ca. £15 incl. 2 Erw., Zeltplätze ab £7,50 | ganzjährig geöffnet | Federation Road, Abbey Wood | Tel. 83 11 77 08 | www.caravanclub.co.uk | U-Bahn: Abbey Wood | Abbey Wood (Greater London)*

LEE VALLEY CAMPING
& CARAVAN PARK   [145 D2]

Ein attraktiver Mix aus Natur und City ist dieser günstig gelegene Campingplatz im Londoner Nordosten, in der Nähe des ehemaligen Olympiageländes. Ganz neu werden hier beheizte Cocoon-Kabinen mit zwei Feldbetten und elektrischem Licht angeboten, Kostenpunkt £30 bis £35. Der Preis für Rucksack-Traveller mit Zelt liegt um die £9 pro Nase (Zelt bitte selbst mitbringen). Waschmaschine und Trockner, Bügeleisen und Fön sind gegen eine geringe Ge-

bühr nutzbar. In einer Stunde sind Sie im Zentrum (Bus zur Overground und U-Bahnstation alle zehn Min.); das Management verkauft Ihnen eine verbilligte Tages-Travelcard für £6.30. *180 Stellplätze ab ca. £17, Zeltplätze ab £8.30, Cocoon ab £30 | ganzjährig außer Weihnachten | Meridian Way | Tel: 88 03 69 00 |www.leevalleypark.org.uk | U-Bahn: Tottenham Hale | Edmonton*

LEE VALLEY CAMPSITE
SEWARDSTONE   [145 D2]

Der Schwester-Zeltplatz sechs Kilometer weiter nördlich des obigen Edmonton-Caravanparks hat etwas ländlicheren Charakter. Zwei Felder für Zelte, plus ebenfalls fünf Cocoon-Kabinen (s.o.) für zwei Personen für £35! Ideal für die, die nicht campen wollen, aber auch nicht das Geld für ein Hotelzimmer haben und den Kontakt zur Natur mögen. Ein Shuttlebus bringt Sie zur U-Bahnstation, von da sind Sie in 40 Min. in der Innenstadt. *Ca. 80 Stellplätze ab £13, 9 Zeltplätze ab £8.30, 5 Cocoons ab £35 | 1. März–31. Jan. | Sewardstone Road | Tel. 85 29 56 89 | www.leevalleypark.org.uk | U-Bahn: Walthamstow Central | Chingford*

FORTY WINKS [135 F3]

Vogue Deutschland nannte dieses einzigartige Gästehaus mit nur zwei Zimmern und geteiltem Bad „das schönste kleine Hotel der Welt", und tatsächlich lieben Mode- und Medienmenschen sowie Trendsetter dieses East-End-Townhouse aus dem Zeitalter Queen Annes (1717) für ihre „Forty Winks" („vierzig Augenschläge") Schlaf – soviel Atmosphäre und Design fürs Geld finden Sie sonst nirgends. Der durchgestylte Celebrity-Favorit im angesagten East End ist nur etwas für coole Traveller, hier sollte man nicht zu gerade gebügelt sein – und weit im voraus buchen. *2 Zi. mit geteiltem Bad £ 105 bzw. £ 175 | 109 Mile End Road | Tel. 77 90 02 59 | www.40winks.org | U-Bahn: Stepney Green | Stepney Green*

HOXTON HOTEL [126 A4]

Der frühe Vogel fängt den Wurm, sagt ein englisches Sprichwort. Die Preisstruktur in diesem so zentralen wie coolen Hotel, ideal für East-End-Clubber und -Shopper gelegen, funktioniert wie bei den Billigfliegern: Wer zuerst bucht,

kann schon für ein Pfund pro Nacht jede Menge Luxus genießen. Wer sein Zimmer beim berühmt-berüchtigten £ 1 Sale ergattern will, muss allerdings extrem früh dran sein. Registrieren Sie sich als Fan auf der Webseite, sonst haben Sie keine Chance, beim letzten Mal waren die £ 1-Zimmer in zehn Minuten weg. ==Realistischere Möglichkeiten haben Sie beim £ 29-Kontingent== (der Durchschnittspreis für Spontanbucher liegt bei £ 150–£ 200!). Wer es schafft, genießt Gratis-WLAN, kuschelt zufrieden in der Entendaunen-Bettwäsche und erfreut sich an Aveda-Produkten im Bad. Am Wochenende ist es günstiger als unter der Woche. *DZ ab £ 1 | 205 Zimmer | 81 Great Eastern St | Tel. 75 50 10 00 | www.hoxtonhotels.com | U-Bahn: Old Street | Hoxton*

Insi Tip

THE CAVENDISH [131 E4]

Bei diesem freundlich-komfortablen Vier-Sterne-Hotel mitten in Mayfair lehnt man sich mit gutem Gewissen in die Kissen: Tee & Kaffee sind fair gehandelt, die Putzprodukte umweltfreundlich und ein spezielles Green

LUXUS LOW BUDGET

Team immer am ökologischen Ball. Aber auch Champagner-Ökos wollen sparen. Auf folgende Angebote sollten Sie achten: beim Weekend Break kostet das Doppelzimmer mit English Breakfast ab £180 (regulär ab £300), und das romantische Weekend Special macht £300 samt einer Flasche Moet & Chandon-Roséschampus, Pralinen und Frühstück im Bett (Preise sind inkl. Mwst., seit 2011 beträgt diese 20 Prozent und wird bei Luxus-Hotelpreisen so gut wie nie mit angegeben!). Diese Special Offers findet man am leichtesten an Wochenenden in weniger nachgefragten Monaten wie Januar und Februar, interessanterweise auch im Juli und August!

DZ ab £180 | 81 Jermyn Street | Tel. 79302111 | www.thecavendishlondon.com | U-Bahn: St James | Mayfair

Wer früh bucht, wohnt luxuriös zum günstigen Preis: Hoxton Hotel

In London können Familien für wenig Geld viel erleben – vor allem dank der großen Zahl an kinderfreundlichen und interaktiv ausgerichteten Museen *(S. 110)*, die für ihre ständigen Ausstellungen kein Geld verlangen. London selbst ist ein einziges Outdoor-Museum: Tower Bridge & Co live zu sehen gibt sogar schulmüden Kids einen gewissen Kick. An der Southbank die Themse entlanglaufen kostet nichts, und man kann dabei lebende Statuen, Musiker und Jongleure bewundern. Picknicks in den zahlreichen Parks kosten meist keinen Eintritt, sondern nur das, was man verspeist. Die Website *www.reallykidfriendly.com* hat hervorragende Tipps zu Events, kinderfreundlichen Pubs sowie Discount-Voucher zum Ausdrucken und vieles mehr. Kulturfestivals *(siehe auch ab S. 17)* können Kindern jede Menge Unterhaltung bieten. Übrigens: Eine Statistik besagt, dass vier von zehn Londoner Kindern unterhalb der Armutsgrenze leben. Das heißt aber auch, dass es an vielen Ecken preisgünstiges Kindervergnügen gibt, an dem auch Touristen-Familien beim Londonbesuch teilnehmen können – die schönsten Spielplätze, Parks und vieles mehr finden Sie auf den folgenden Seiten.

MIT KINDERN

[145 D2]

AKTIVITÄTEN & SIGHTSEEING

GREENWICH 🐷

In Greenwich, der Heimat der Greenwich Mean Time (Westeuropäische Zeitzone), kann ein Teil der Familie in der östlichen Welthalbkugel stehen, der andere Teil auf der westlichen – der durch Greenwich verlaufende Nullmeridian macht's möglich. Das Maritime Museum verlangt keinen Eintritt und hat Kindern viel Interaktives zu bieten; Beim Picknick im hügeligen Greenwich Park mit seinen alten Bäumen bietet sich der beste Blick auf die Londoner Skyline. Und wenn Sie den Kids erzählen, dass es auf der Wendeltreppe in Inigo Jones' Queen's House, dem ersten klassizistischen Bau Englands aus dem 17. Jh., spuken soll, gehen sie um so begeisterter auf Besichtigungstour. Noch spannender ist es natürlich, per Boot ins Viertel einzulaufen; ein flexibles Familienticket nach Greenwich, einfache Fahrt, kostet mit der Travelcard um £24. *Eintritt frei | Museum und Royal Observatory tgl. 10–17 Uhr | Tel. 88584422 | www.nmm.ac.uk | U-Bahn: Cutty Sark | Greenwich*

HARRY POTTER WALK

Mit £9 für Erwachsene (bzw. £7 für Kinder über 8 J.) sind die drei verschiedenen Harry Potter Walks der angesehenen London-Walks Company relativ günstig. Die Touren führen zu den Film-Locations des Zauberlehrlings wie Leadenhall Market (im ersten Harry Potter-Film Drehort der „Winkelgasse") und Gleis 9 ¾ der King's Cross Station, an dem der Hogwart Express in jedes Zauber-Schuljahr startet. 🐷 Unser Low Budget-Tipp: Drucken Sie unter *www.the-magician.co.uk* oder *www.discovery-walks.com* eine Gratis-Beschreibung aus und starten Sie auf eigene Faust! *Führung für Kinder unter 8 Jahren oder Online-Führungsbeschreibung frei | Die Touren starten draußen vor den U-Bahn-Stationen Westminster, Bank und Temple, je nach Wochentag und Uhr-* *zeit (1. Mai bis 31. Okt). | Tel. 76 24 39 78 | www.walks.com | City*

ÜBERNACHTEN AUF DEM PIRATENSCHIFF [133 F4]

Ein bisschen Vorausplanung ist hier nötig, aber von ihrer Nacht auf dem Kanonenboot werden die Kids garantiert noch lange sprechen. „Sleepover on the Golden Hinde" – das ist die fantastische Replik des Kriegsschiffs, in dem Sir Francis Drake im 16. Jh. die Welt umsegelte. Selbst diese Nachbildung hier im Trockendock hat schon die Meere gekreuzt

Tolles Erlebnis für Kids: Übernachten auf dem Piratenschiff

und dient heute als Museumsschiff (10–17.30 Uhr). An einzelnen Terminen zwischen März und Oktober können frischgebackene Piraten mit ihren Eltern auf dem Kanonendeck schlafen; Schauspieler erzählen dazu gruselige Geschichten. Mehrere Familien teilen sich ein Sleepover, aber das Beste ist: Sie sparen eine Nacht im Hotel und das Essen ist auf der „Golden Hinde" inbegriffen! *Sleepover £43 für Erw. und Kinder , Besichtigung £6/£4,50 | tgl. 10–17.30 Uhr (kann variieren) | Pickfords Wharf, Clink Street | Tel. 74030123 | www.goldenhinde.com | U-Bahn: London Bridge | Southwark*

ENTERTAINMENT

FRAMED FILM CLUB [133 E1]

Sowohl Kinder als auch Erwachsene zahlen für die Filmvorführungen im Barbican Kulturzentrum nur £ 2. Jeden Samstag um 11 Uhr werden hier die besten neuen Streifen und die schönsten Filmklassiker gezeigt, eine Mitgliedschaft für den Filmclub ist nicht erforderlich. ⬤ Einmal im Monat finden außerdem kostenfreie Workshops für Kinder statt, mit spannenden Themen wie z.B. der Herstellung eines Kurzfilms. Nach der Kinovorführung lohnt sich ein Abstecher in die Barbican Foodhall im Erdgeschoss oder auf der Außenterrasse direkt am See (www.foodatbarbican.co.uk, Mo–Sa 9–20, So 11–20 Uhr). Dort werden kleine Snacks und Erfrischungen angeboten, für den größeren Hunger gibt es für Kinder ein Menü für £ 4.50. *Kinovorführung £ 2 | Barbican Centre | Silk Street | Sa 11 Uhr | Tel. 76388891 | www.barbican.org.uk | U-Bahn: Barbican*

KINDERKONZERTE
WIGMORE HALL [131 D2]

In der schönen Konzerthalle Wigmore Hall laufen etwa viermal pro Jahr die Konzerte der „For Crying Out Loud"-Serie für Babies bis zu einem Jahr und ihre Eltern. Dabei wird Kammermusik von der Royal Academy of Music geboten. Für Babies ist's gratis, begleitende Erwachsene zahlen £6. Für Kinder zwischen zwei und fünf Jahren gibt es zweimal im Monat die „Chamber Tots"-Serie, interaktive Musik-Workshops, bei denen die Kids der Musiker leibhaftig treffen (Kinder: £6, begleitende Erwachsene zahlen nichts). Last but not least gibt es „Family-Events" (Konzerte und Workshops) mit Kindern ab fünf Jahren. Alle Termine finden Sie auf der Website. *Eintritt frei bis £10 | wechselnde Daten | 36 Wigmore Street | Tel. 79 35 21 41 | www.wigmore-hall.org.uk | U-Bahn: Bond Street | Oxford Circus*

KINDERKONZERTE
LSO @ ST LUKE'S 🐷 [125 E4]

Die dreimal pro Jahr stattfindenden LSO Discovery-Konzerte für Kinder zwischen 7 und 12 Jahren sind eine tolle und günstige Einführung in die Welt der Orchestermusik (£5 für Kinder, £10 für Erwachsene). Jedes Konzert hat ein Thema, die Kids haben vor bzw. nach dem Konzert bei Gratis-Workshops Gelegenheit, die Musiker zu treffen und selbst zu proben. Für kleinere Kinder wird eine kostenlose Krabbelstube angeboten. *Gratis-Workshops und Krabbelstube | unterschiedliche Termine | Music Education Centre | 161 Old Street | Tel. 74 90 39 39 | www.lso.co.uk | Bahn: Old Street (Exit 7) | Islington*

PUPPET BARGE [129 D1]

Wem große Bühnen mit Kind und Kegel zu teuer sind, der kann's ja mal eine Nummer kleiner probieren: auf einem Boot in Londons romantischer Hausbootsiedlung Little Venice wird zauberhaftes Puppenspiel gezeigt, zu fairen Preisen (Erwachsene £10, Kinder 15 Prozent Ermäßigung). Die Geschichten von den drei kleinen Schweinchen oder Rotkäppchen überwinden ganz leicht sämtliche Sprachbarrieren – und bieten nebenbei hervorragende sprachliche Früherziehung. *Ermäßigter Eintritt für Kinder | wechselnde Daten | Little Venice | Tel. 72 49 68 76 | www.puppetbarge.com | U-Bahn: Warwick Avenue | Westminster*

ESSEN & TRINKEN
GIRAFFE

Halten Sie Ausschau nach dem orangenen Schriftzug dieser familienfreundlichen, in poppigen Safari-Farben eingerichteten Restaurantkette. Im Giraffenrestaurant wird der Geldbeutel geschont und die Qualität ist prima. Sparer bekommen unter der Woche das leckere „Lunch for Less"-Angebot mit einem Hauptgericht plus Soft-Getränk für knapp £7. Bis 16 Uhr erhalten Kids ihr britisches Breakfast (Eier und Bohnen) für weniger als £4. Filialen gibt's u.a. an der Southbank, samt Super-Themse-

MIT KINDERN

blick. *Spezielle Gerichte für Kinder ca. £ 4 | Mo–Fr 8–23, Sa und So 9–22.30 Uhr | Tel. 84 57 27 76 | www.giraffe.net | South Bank*

KISS FOR JOOLS [137 D4]

Wenn es für die lieben Kleinen mal etwas ganz Besonderes sein soll, dann ist dieses zauberhafte Café zu empfehlen – und preiswert ist es auch. Für die Erwachsenen gibt es köstliche Kaffeebecher und andere Heißgetränke sowie eine kleine Auswahl an günstigen Sandwiches. Man sollte sich auch unbedingt in den oberen Raum begeben, denn dort sieht es dank überdimensionaler Lampen, dem riesigen schiefen Bilderrahmen und rot-weiß karierten Sesseln so aus, als wäre Alice im Wunderland hier gerade durchgefegt. Interessant ist auch der Blick von oben aus dem Fenster direkt in die quirlige Earls Court Road. *Frozen Jogurt ab £ 2.95, Getränke £ 1.50 | 236 Earls Court Road | Mo–Sa 11–21 Uhr | www.kissfrozenyoghurt.com | U-Bahn Earls Court | Kensington*

MUFFIN MAN [136 C2]

Altmodisch-gemütlicher, sehr kinderfreundlicher und dabei günstiger Tea- und Coffee-Shop, schön zentral gelegen fürs Shopping in Kensington und in der Nähe der South Kensington Museen. Serviert werden Tea Time-Klassiker wie All Day English Breakfast oder Afternoon Tea inklusive Sandwiches und Scones mit Marmelade. Low Budget-freundlich: Die Hauptgerichte können als halbe Portion geordert werden! Durch die Lage abseits vom Touristenstrom herrscht keine Hektik. Kids lieben die preisgekrönten Muffins! *Mo–Sa 8–20, So 9–20 Uhr | 12 Wrights Lane | Tel. 79 37 66 52 | U-Bahn: High St Kensington | Kensington*

RAINFOREST CAFÉ [131 F4]

Eine nette Überraschung für Kinder ist ein Essen im Dschungel des bunten „Regenwald"-Cafés direkt am Piccadilly Circus mit tropischem Dekor und „tierischen" Menüs. Man zahlt zwar etwas mehr fürs Ambiente, bekommt aber 15 Prozent Rabatt auf die Duck Tours, wo die Familie mit dem Amphibienfahrzeug in der Themse landet *(www.londonducktours.co.uk)*. Low Budget-Tipp: Pro Portion zwei Teller bestellen und mit dem Nachwuchs teilen – da rümpft in Londons beliebtestem Familienrestaurant niemand die Nase. *Mo–Fr 12–22, Sa und So 11.30–22 Uhr | 20 Shaftesbury Avenue | Tel. 74 34 31 11 | www.therainforestcafe.co.uk | U-Bahn: Piccadilly Circus | Piccadilly*

SNACK IM DOPPELDECKER

Der „Wow"-Faktor ist groß, wenn die Kinder merken, wo's zum Essen hin geht: in einen roten Doppeldeckerbus! Das „Bustaurant" ist absolut in. Der Klassikerbus „Routemaster" wurde hier kurzerhand in „Rootmaster" umgetauft, ein Wortspiel mit dem englischen Wort für „Wurzel" („root"). Der Name bestimmt auch das Speisen-Programm: Alle Gerichte sind vegan. Aber vor lauter Staunen werden die Kids das wohl kaum merken. Low Budget-Tipp: die Abende meiden – Sparfamilien nehmen mittags oder für einen Snack am Nachmittag im Bus Platz, dann ist es preiswerter. Kamera nicht vergessen. Von Donnerstag bis Sonntag sollte man unbedingt vorher buchen. *Bio-Eier £ 3, Kaffee £ 1,80 | tgl. 12–22 Uhr | Old Truman Brewery | Elys Yard | Tel. (0)07912/38 93 14 | U-Bahn: Liverpool Street | Shoreditch*

KINDERMUSEEN

Die meisten Museen sind bestens auf Kinder eingerichtet. In den „Half-Term"-Ferien der britischen Schulkinder, je eine Woche im Frühjahr und Herbst, bieten Museen Gratis- oder Low-Cost-Zusatzaktivitäten.

CLEVER!

> ### Rallye mit Bahn und Bus

Das Transport-Museum in Covent Garden (*www.ltmuseum.co.uk*) ist zwar toll und Kinder unter 16 J. zahlen keinen Eintritt, Erwachsene dafür aber £ 13.50 und Kids bis 12 J. müssen von einem Oldie begleitet werden. Eine günstige Alternative dazu ist es, aus dem Londoner U-Bahn- und Doppeldeckerbus-System ein spannendes Spiel zu machen. Übersichtskarten und buntes Infomaterial gibt's an U-Bahnstationen und an der Touristeninfo (S. 13) umsonst – lassen Sie die Kinder ihren eigenen Weg rund um die Sehenswürdigkeiten aushecken. Und: Kinder unter 11 Jahre nutzen das Transportsystem gratis! www.tfl.gov.uk

MIT KINDERN

POLLOCK'S TOY MUSEUM [131 E1]

Bis unters Dach voll mit Spielzeug steckt dieses sehenswerte Museum. Leider ist es nicht kostenfrei, aber für das besondere Erlebnis sollte man den Eintritt erübrigen. In den verschiedenen Räumen im ersten und zweiten Stock entführen Spielwaren des 18. und 19. Jhs., Puppen und Teddies aus aller Welt, Holzmarionetten, Handpuppen und Papiertheater, die sogar noch von dem Gründer Benjamin Pollock persönlich angefertigt wurden, in eine zauberhafte Welt. Nach vielen Treppenstufen landet man wieder im Spielzeuggeschäft. Wer den Eintritt ins Museum sparen möchte, schaut sich nur im Laden um. Im Covent Garden gibt es ein weiteres Geschäft (pollocks-co ventgarden.co.uk). *Eintritt £ 5 / £ 3, Mo–Sa 10–17 Uhr | 1 Scala Street | Tel. 76 36 34 62 | www.pollockstoy museum.com | U-Bahn: Goodge Street | Fitzrovia*

VICTORIA & ALBERT MUSEUM OF CHILDHOOD 🐷 [127 E3]

Hinter der imposanten Fassade des roten Backsteingebäudes in Bethnal Green, einem der multikulturellsten und angesagtesten Viertel Londons, erwarten Sie schön präsentierte Spielsachen von 1600 bis heute – Puppenhäuser, Rubicube, Jojos usw. sowie wechselnde Ausstellungen. Der Eintritt ist frei, das Museum liegt gerade eine Geh-Minute von der U-Bahn-Station entfernt. Gratis-WLAN, einen Fütterraum mit Fläschchenwärmer und Stellplatz für den Kinderwagen gibt's auch. Die Website bietet auch interaktive pädagogische Aktivitäten für Kids. *Eintritt frei | tgl. 10–17.45 Uhr | Cambridge Heath Road | Tel. 89 83 52 00 | www.museumofchildhood.org.uk | U-Bahn: Bethnal Green | City*

PARKS

BATTERSEA ZOO [144 C3]

Eine Alternative zum Londoner Zoo ist der viel günstigere Zoo von Battersea, das Familienticket für zwei Erwachsene und zwei Kinder (oder ein Erw. plus drei Kinder) kostet £ 26 statt rund £ 60. Den Park gibt es noch gratis dazu, und Sie sind meist unter Londonern. Am Wochenende und in den Schulferien können Sie der Fütterung der Raubtiere beiwohnen. *Tgl. 10–16.30 (im Winter), bis 17.30 Uhr (im Sommer) | Chelsea Gate, Queenstown Road, Battersea Park |*

Tel. 79 24 582 6 | www.batterseapark
zoo.co.uk | U-Bahn: Sloane Square,
dann noch ca. 1 km zu Fuß oder Bus
Nr. 137 | Battersea

EISENBAHN-
DSCHUNGELTRAIL 🐷 [144 C2]

Der Eintritt in diese magische Welt
kostet nicht einen Cent. Der Parkland
Walk folgt einer ehemaligen, inzwi-
schen stillgelegten Eisenbahnlinie
von Finsbury Park nach Alexandra
Palace. Seit über fünfzig Jahren fährt
hier kein Passagierzug mehr, die Brü-
cken und Bahnsteige sind mittler-
weile idyllisch überwuchert. Die
Kinder können zwischen alten Bäu-
men tollen. Der Startpunkt für den
knapp sieben Kilometer langen Na-
turreservatsweg ist Finsbury Park
samt kinderfreundlichem Café,
Bowls Club und Spielplatz. *Eintritt
frei | www.parkland-walk.org.uk | U-
Bahn: Finsbury Park (Eingang durch
das nächstgelegene Eingangstor),
am Ende: Bus von Alexandra Palace
nach Wood Green | Haringey*

POSTMAN'S PARK 🐷 [133 E2]

Dieser ungewöhnliche viktorianische
Park hat eine einzigartige und berüh-
rende Geschichte, die für Kinder sehr
spannend sein kann. Die Reihen von
Doulton-Keramiktafeln erinnern an
Menschen, die beim Versuch, anderen das Leben zu retten, das eigene
lassen mussten. Darunter waren auch
sehr junge und tapfere Lebensretter,
wie etwa die Tafeln zu Ehren von
Herbert Maconoghu und David Sel-
ves zeigen – der eine war 13, der andere 12 Jahre alt. Sie hatten versucht,
ihre Kameraden vor dem Ertrinken
zu retten. *Eintritt frei | tgl. 9–19 Uhr
(im Sommer), bis Einbruch der Däm-
merung (im Winter) | zwischen King
Edward Street, Little Britain und An-
gel | U-Bahn: Russell Square |
Bloomsbury*

ST JAMES'S PARK 🐷 [139 E–F1] **Insider Tipp**

Jeden Tag werden in diesem zentralen Park zwischen Whitehall und
Buckingham Palace um 14.30 Uhr
die Pelikane mit frischem Fisch ge-
füttert, und die Eichhörnchen sind
sehr zahm. Der Park bietet eine tolle
Gelegenheit, gleich zwei der weltbe-
rühmten Wachablösungen mitzuver-
folgen, nämlich die Horse Guards
Parade und den Wechsel am Buck-
ingham Palace. *Eintritt frei | tgl.
14.30 Uhr | U-Bahn: St James's | St
James's*

Bild: Eichhörnchen, Pelikane & Co sehen dich an: St James's Park

SHOPPING

CYBERCANDY [132 A3]

Im Cybercandy-Laden in Covent Garden werden nicht nur den Kindern die Augen übergehen bei dieser Auswahl an Import-Bonbons aus Japan, Finnland oder den USA – und natürlich alle Sorten von britischen Klassikern wie Humbugs, Sherbet Sizzles und Bulls Eyes. Souvenirs für zuhause zusammensuchen macht Spaß. Sparschleckermäuler können für £ 14.99 ein „Mystery"-Paket mit Produkten im Wert von £ 25 erstehen. *Mo–Fr und So 11–21, Sa 10.30– 22.30 Uhr | 3 Garrick Street | www.cybercandy.co.uk | U-Bahn: Covent Garden | Covent Garden*

ERIC SNOOK'S TOY SHOP [132 A3]

Eine gute Quelle für günstige London-Souvenirs: Hinter der roten Fassade dieses berühmten Spieleladens im touristischen Herzen von Covent Garden gibt's traditionelle Spielsachen und freche Scherzartikel, Zirkus-Zubehör und Kuriositäten wie Uhren, die rückwärts gehen. Tipp: Nur eine Kleinigkeit kaufen wie ein Paket mit 12 Gummibändern in Form von Big Ben oder London-Taxi für £ 1.99, dann kann man in Ruhe stö-

bern und sich an den teuren Kuriositäten erfreuen. Auf der Covent Garden Piazza treten Feuerschlucker, Jongleure & Co auf – gratis natürlich. *Mo–Sa 10–19, So 11–18 Uhr | 32 The Piazza | Tel. 73 79 76 81 | www.ericsnook.co.uk | U-Bahn: Covent Garden | Covent Garden*

INTERNATIONAL MAGIC SHOP [124 C5]

In Londons einzigem Zauberladen lässt es sich hervorragend nach magischem Material stöbern, von Anleitungen zu Karten- und Münztricks bis zur Ausrüstung für Meister-Magier. In dem Laden gibt's viele Kleinigkeiten, zum Beispiel alles, was man braucht, um eine Münze verschwinden zu lassen, oder ein Seil zu teilen und wieder zusammenzufügen, für £ 4.50. Das Personal demonstriert auch mal gratis einen Trick für Ihre Kinder. *Mo–Fr 11.30–18, Sa bis 16 Uhr | 89 Clerkenwell Road | Tel. 74 05 73 24 | www.internationalmagic.com | U-Bahn: Chancery Lane, Farringdon | Clerkenwell*

MUTTER & KIND SECOND HAND-LADEN [144 C3]

Dieser Flagship-Charity Shop der Fara-Wohltätigkeitsorganisation, die sich für rumänische Waisen einsetzt, ist eine wahre Fundgrube für markenbewusste Sparfamilien. Hier werden Second-Hand-Kinderteile von mittleren und Top-Marken (Mini-Boden, Baby Gap), viele kaum getragen, weit unter Neupreis verkauft, wie z.B. ein Ralph Lauren-Poloshirt für Jungs für £ 6 oder ein Kenzo-Seidenjäckchen für Mädchen zu £ 10. Second-Hand-Spielsachen wie Puzzles und Holzspielzeug gibt's auch. *Mo–So 9.30–17.30 Uhr | 40 Tachbrook Street | Tel. 76 30 77 30 | www.faracharity.org | U-Bahn: Victoria | Pimlico*

SPIELPLÄTZE

CORAM'S FIELD 🐷 [124 B5]

Das Wichtigste zuerst: Diese grüne Oase im Herzen der City bietet Rasenflächen für Picknick und Spiel mit Sandkästen, einem Planschbecken, Rutschbahnen, einem Ententeich und einem Streichelzoo mit Schafen, Hühnern und Ziegen – alles kostenlos. Und sie hat auch noch eine spannende Geschichte: Coram's Field wurde 1739 von Captain Thomas Coram als Findelhaus begründet, heute ist die georgianische Säulenarchitektur das einzige, was vom Haus übrig geblieben ist. Drei Jahrhunderte später wurde das Grundstück nach einer Kampagne einheimischer Unterstützer 1936 zu Londons erstem öffentlichen Spielplatz. *Eintritt frei | tgl. 9–19 Uhr, im Winter bis Einbruch der Dämmerung | 93 Guilford Street | Tel. 78 37 61 38 | www.coramsfields.org | U-Bahn: Russell Square | Bloomsbury*

LADY DIANA SPIELPLATZ 🐷 [129 D4]

Im gepflegten Grün der Kensington Gardens erinnern der Diana Memorial Playground-Spielplatz und die elegant geschwungene Diana Memorial Fountain aus weißem Granit an die kinderliebe Prinzessin der Herzen. Die Kids können ein großes hölzernes Piratenschiff mit Strand drumherum kapern, es gibt Skulpturen zum Spielen, einen Sinnespfad und Tipis. Ein Vorschlag für danach: Tee und Scones (allerdings nicht ganz billig) in der eleganten, aber lockeren lichtdurchfluteten Orangery genießen – die Oldies müssen ja auch ihr Vergnügen haben. *Eintritt frei | tgl. 10–15.45, je nach Saison auch bis 19.45 Uhr | Tel. 72 98 20 00 | www.royalparks.org.uk | U-Bahn: Bayswater | Kensington*

KARTENLEGENDE

Motorway Autobahn		Autoroute Autosnelweg
Road with four lanes Vierspurige Straße		Route à quatre voies Weg met vier rijstroken
Through road Durchgangsstraße		Route de transit Weg voor doorgaand verkeer
Main road Hauptstraße		Route principale Hoofdweg
Other roads Sonstige Straßen		Autres routes Overige wegen
Information - Parking Information - Parkplatz		Information - Parking Informatie - Parkeerplaats
One way road Einbahnstraße		Rue à sens unique Straat met eenrichtingsverkeer
Pedestrian zone Fußgängerzone		Zone piétonne Voetgangersgebied
Main railway with station Hauptbahn mit Bahnhof		Chemin de fer principal avec gare Belangrijke spoorweg met station
Other railways Sonstige Bahnen		Autres lignes Overige spoorwegen
Underground U-Bahn		Métro Ondergrondse spoorweg
Bus-route Buslinie		Ligne d'autobus Buslijn
Landing place Anlegestelle		Embarcadère Aanlegplaats
Church - Church of interest - Synagogue Kirche - Sehenswerte Kirche - Synagoge		Église - Église remarquable - Synagogue Kerk - Bezienswaardige kerk - Synagoge
Post office - Police station Postamt - Polizei		Bureau de poste - Police Postkantoor - Politie
Monument - Tower Denkmal - Turm		Monument - Tour Monument - Toren
Hospital - Hotel - Youth hostel Krankenhaus - Hotel - Jugendherberge		Hôpital - Hôtel - Auberge de jeunesse Ziekenhuis - Hotel - Jeugdherberg
Built-up area - Public buildings Bebauung - Öffentliche Gebäude		Zone bâtie - Bâtiments public Woongebied - Openbaar gebouw
Industrial area Industriegebiet		Zone industrielle Industriekomplex
Restricted traffic zone Zone mit Verkehrsbeschränkungen		Circulation réglementée par des péages Zone met verkeersbeperkingen

CITYATLAS LONDON

> Auf den Seiten 118/119 finden Sie eine *Übersichtskarte* mit den 10 wichtigsten Sehenswürdigkeiten.

> Eine *Umgebungskarte* vom Großraum London befindet sich auf den Seiten 144/145.

> Das *Straßenregister* (ab Seite 146) enthält eine Auswahl der im Cityatlas dargestellten Straßen und Plätze.

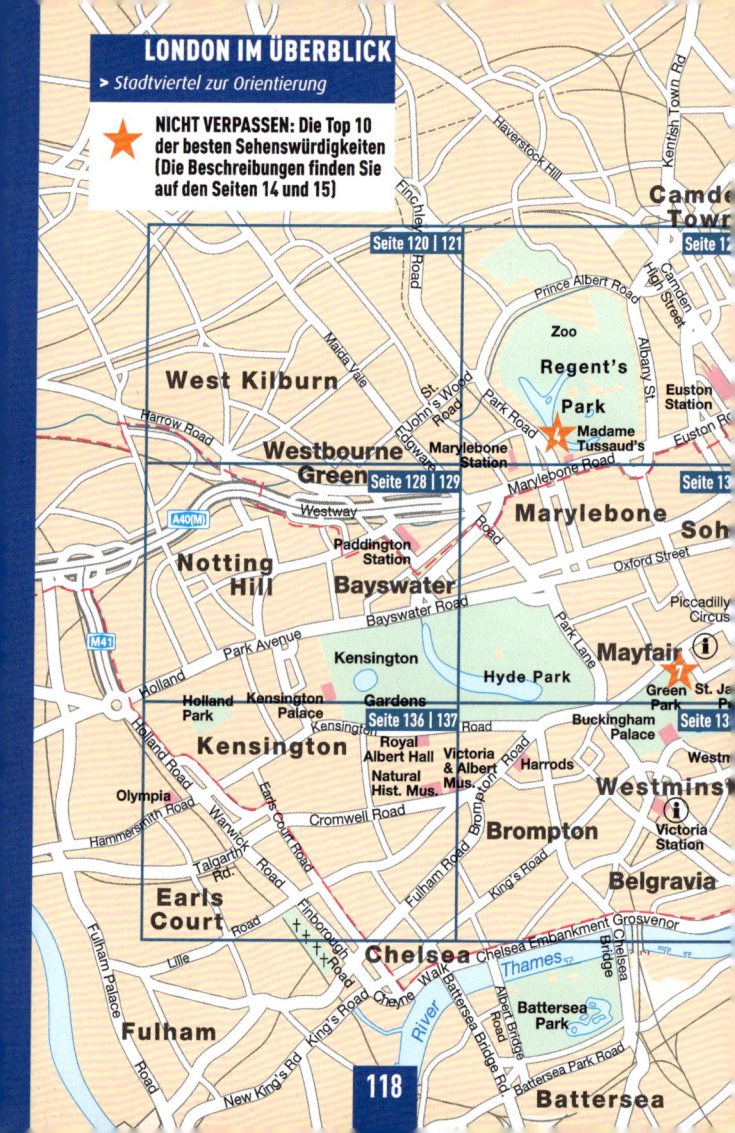

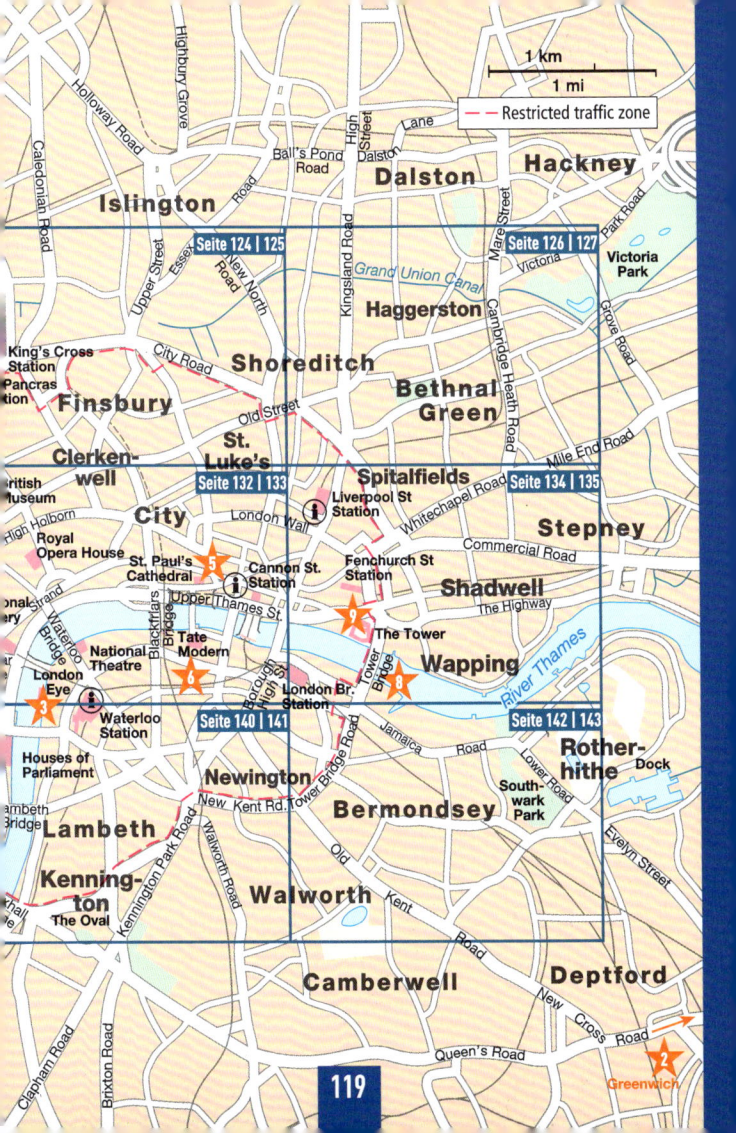

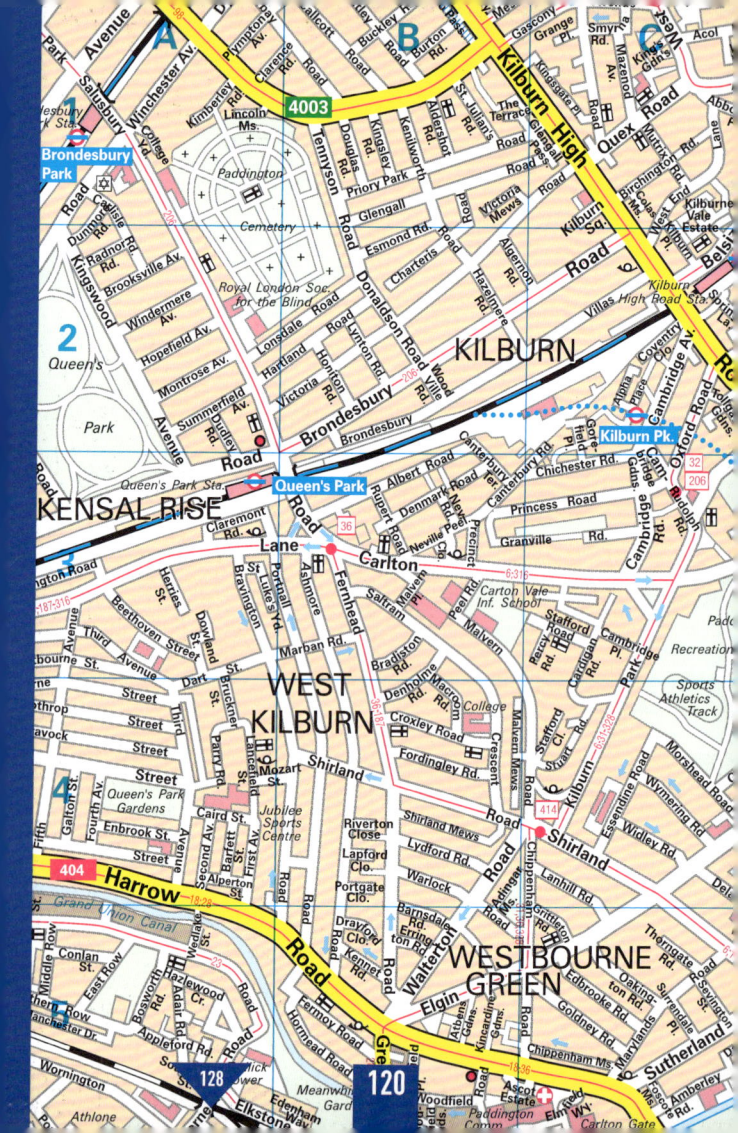

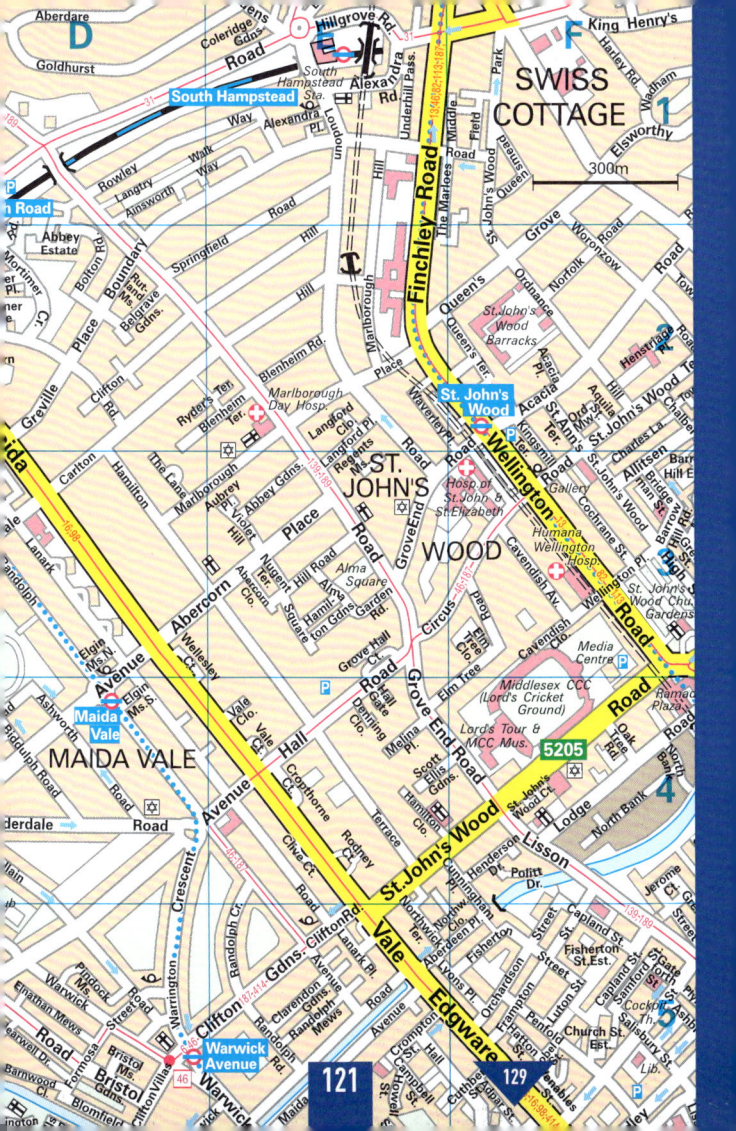

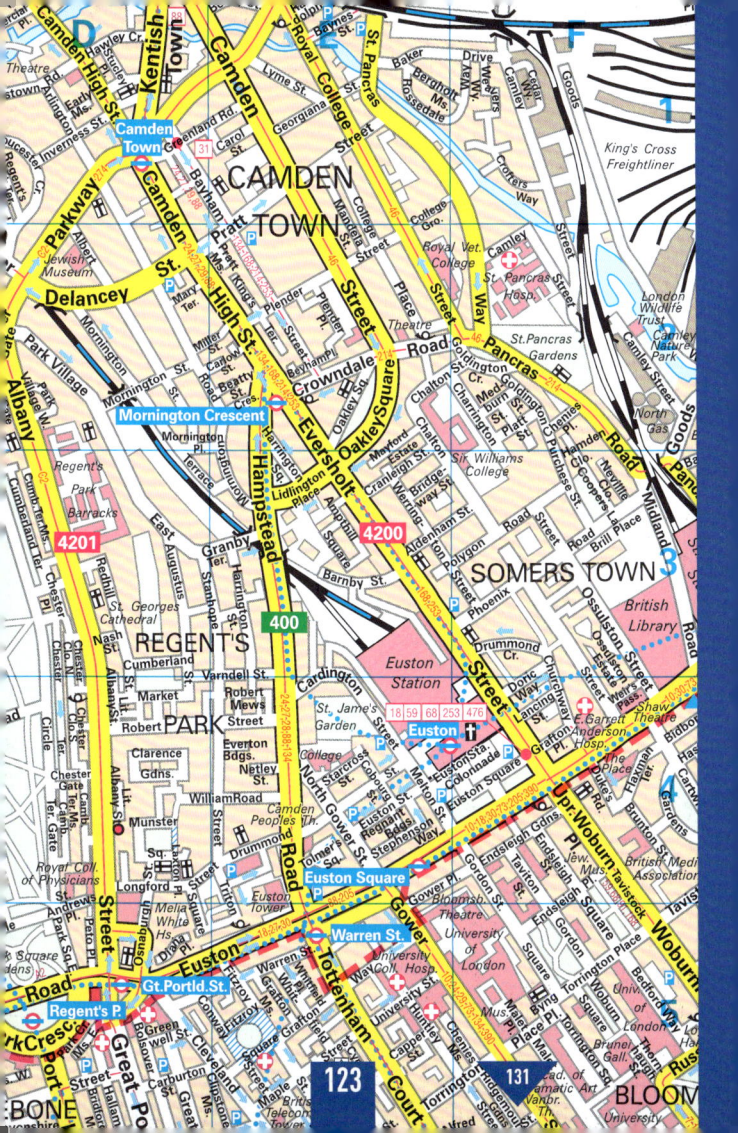

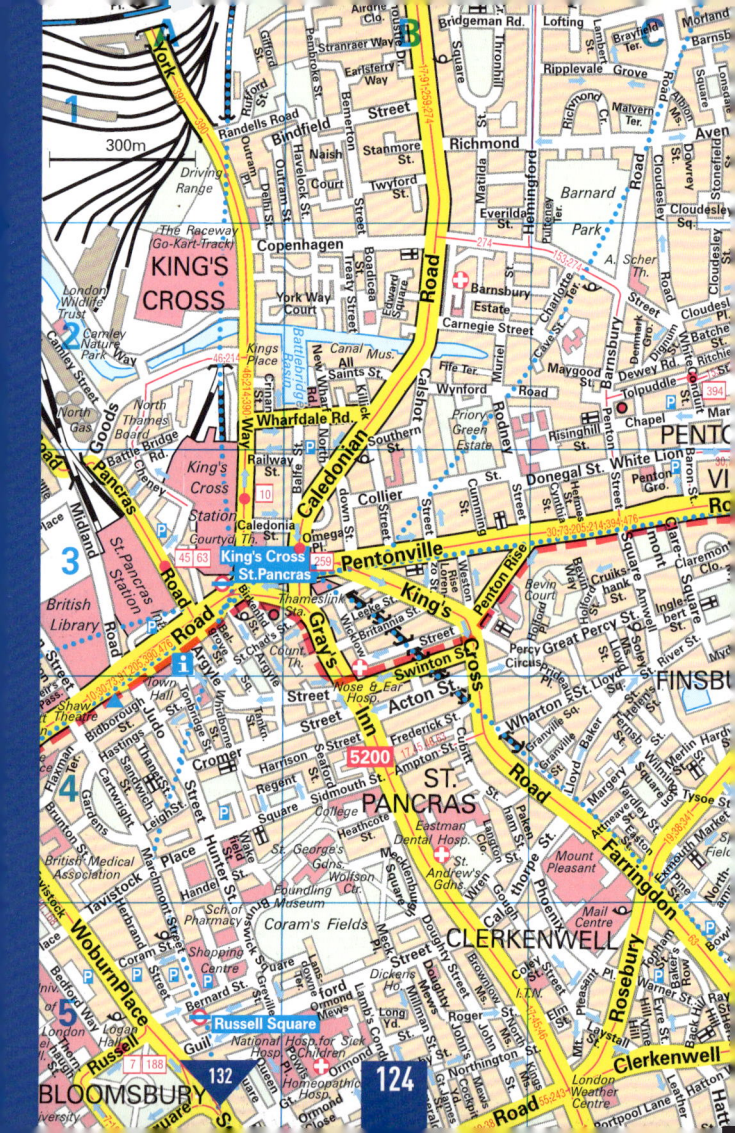

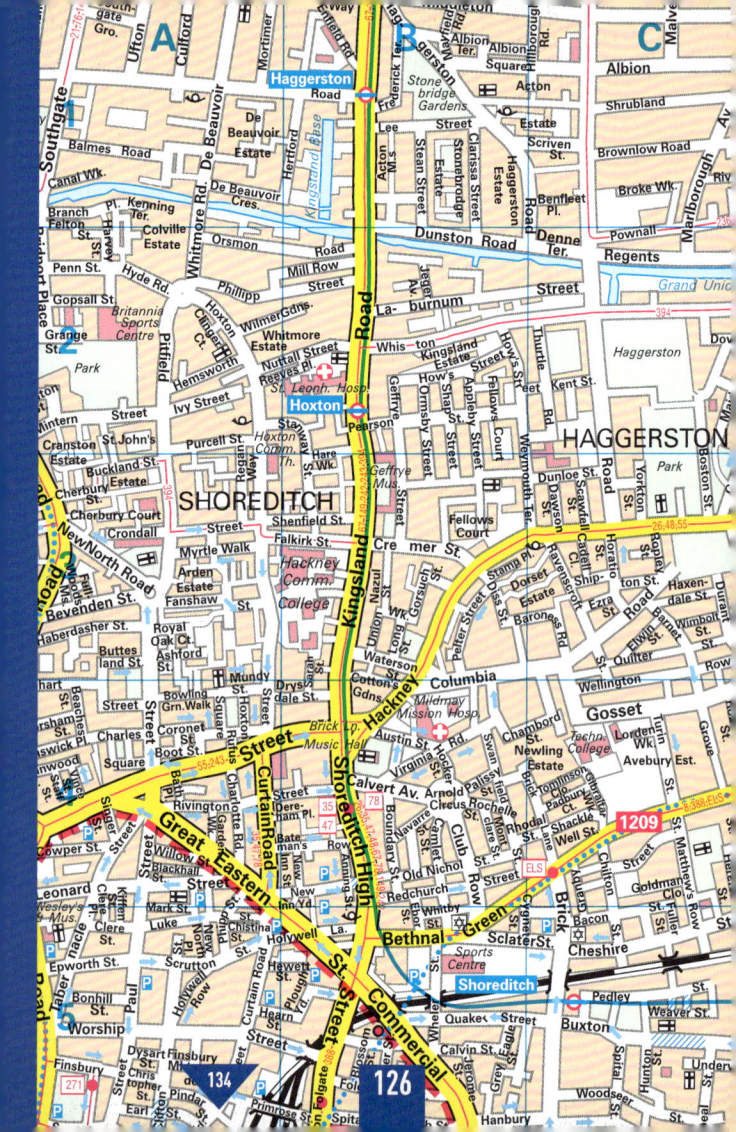

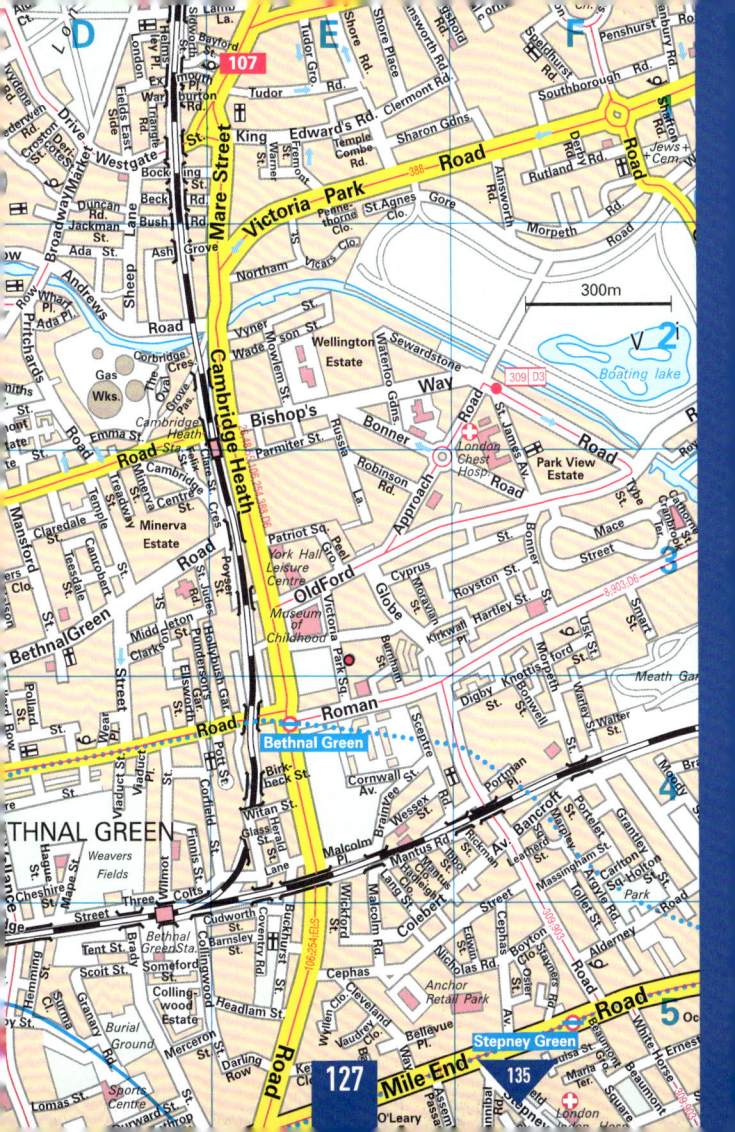

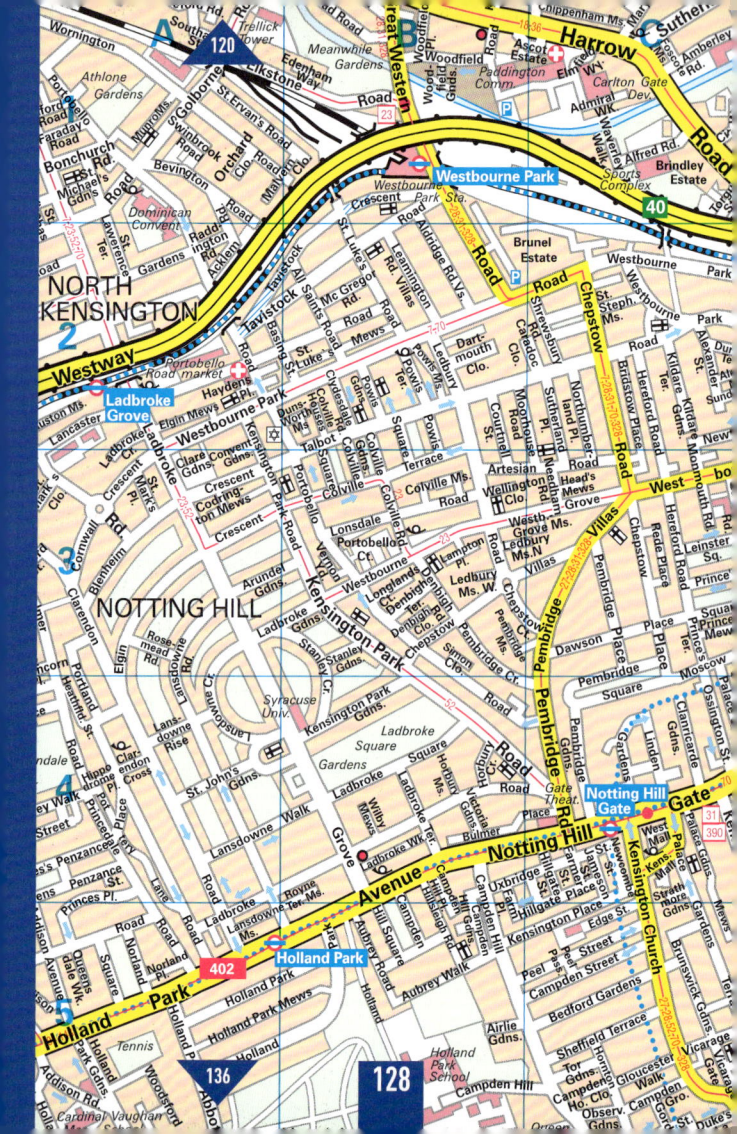

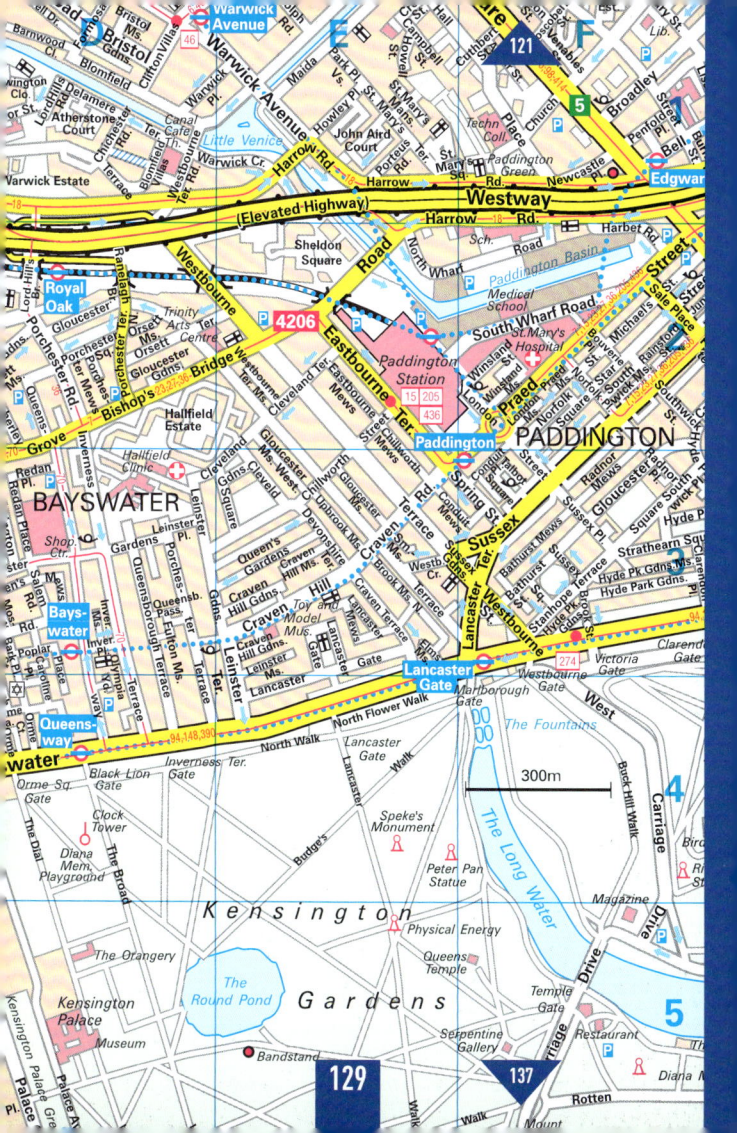

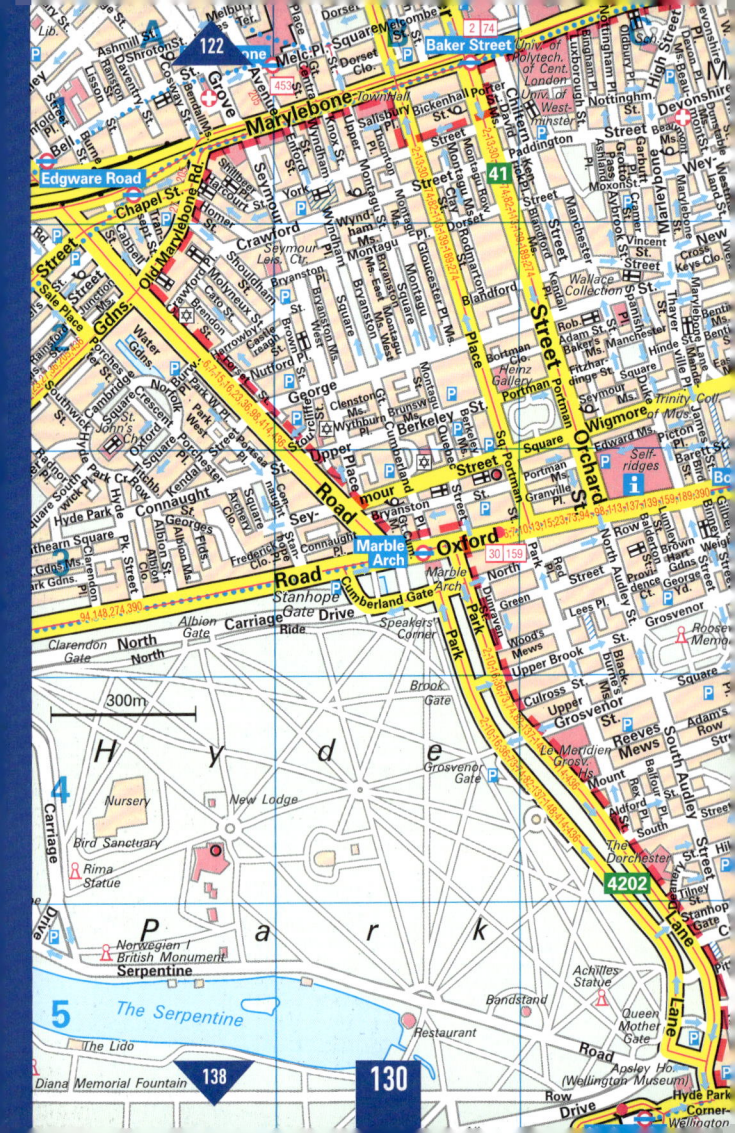

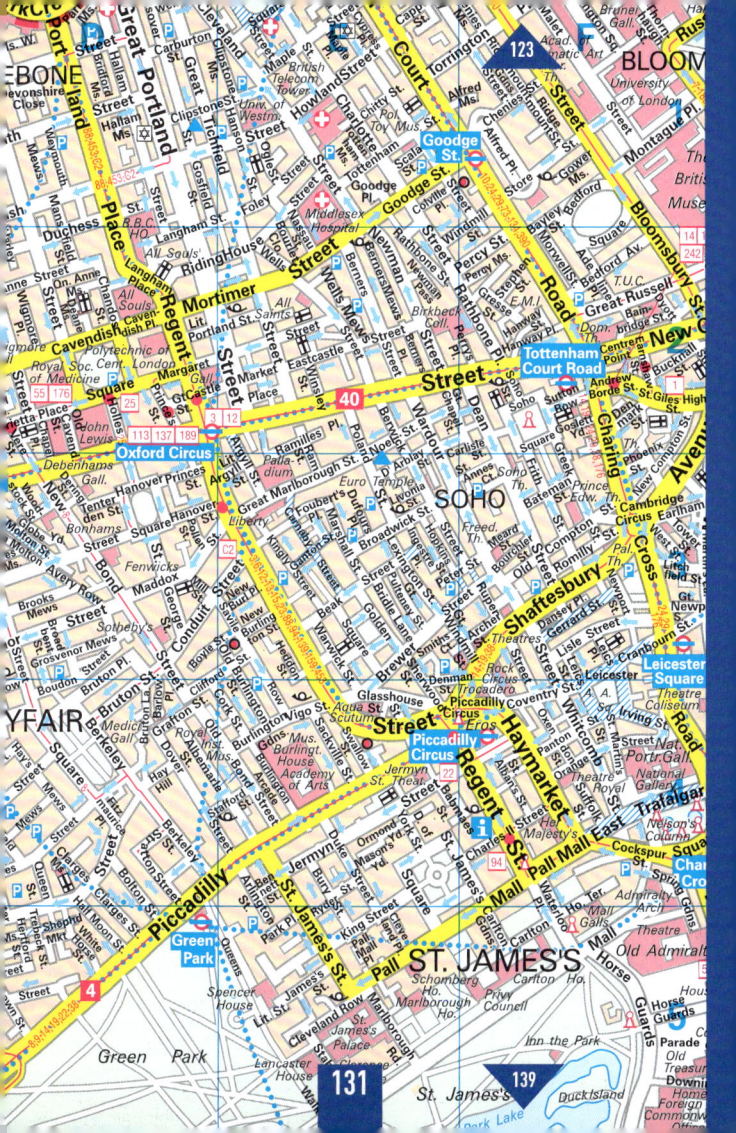

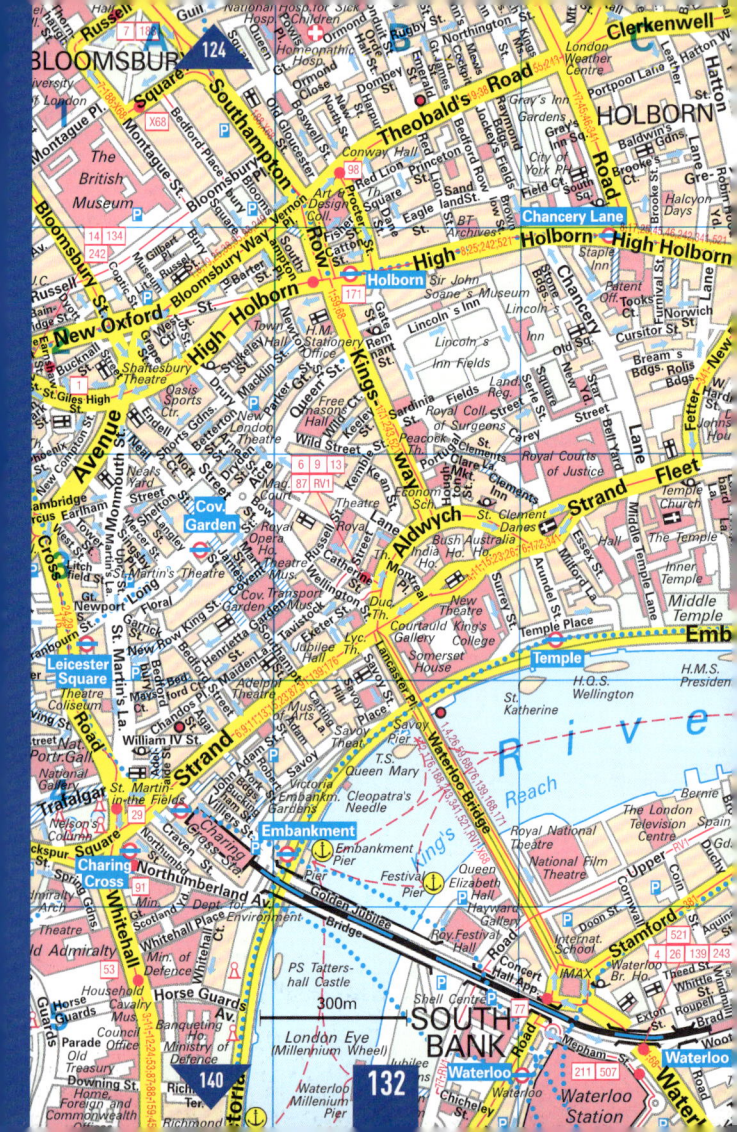

Labels and features visible on the map:

Farringdon Sta., Cowcross Street, The Charterhouse, Y.M.C.A., Exhibition Halls, Finsbury Square, 125, F

Farringdon Road, Charterhouse Street, Beech Street, The Brewery, Ropemaker, Cripplegate, Finsbury Pavement

Barbican, The Barbican Centre, Guildhall Sch. of Music, Silk Street, New Union St., South Pl.

Central London Markets, Long Lane, Barbican Sta., Ironmongers Hall, Barber-Surgeons Hall, Fore St., Salters Hall, Moorgate, Moorfields, Univ. of London, Finsbury Circus

Holborn Viaduct, Smithfield, St. Bartholomew the Great, Museum of London, London Wall, Basinghall Av., Guildhall

Hosier La., Snow Hill, Cock La., St. Bartholomew's Hosp., Postman Park, Clockmakers Mus., Basing, Guildhall Yd., Coleman

Farringdon St., City Thameslink Station, Central Criminal Court, Newgate St., St. Pauls, Angel St., St. Martin's le Grand, Gresham St., Goldsmith's Hall, Guildhall, Lothbury, Throgmorton, Bank of England, Royal Exchange, Threadneedle

Ludgate Circus, New Bridge St., Ludgate Hill, St. Paul's Cathedral, St. Paul's Churchyd., Cheapside, Poultry, Bank, Cornhill, Royal Exch., King William

Blackfriars, Queen Victoria Street, Cannon Street, Mansion House, CITY, Cannon St., King William Street, Monu

Upper Thames Street, Blackfriars Station, Mermaid Theatre, Baynard's Castle, Lambeth Hill, Queenhithe, Southwark Bridge, Cousin Lane, Fishmonger's Hall, Swan Lane Pier, St. Magnus

Blackfriars Millenium Pier, H.M. Customs, Ground, Rennie, Thames, City Heliport, Millennium Bridge, Bankside Pier, Shakesp. Globe Exhibition, Southwark Bridge, Glaziers Hall, Montag, The Monument, London Bridge

Tate Modern, Hopton St., Holland St., Financial Times, Vinopolis, Borough Market, Southwark Cath., Duke St., Britain at War, Tooley St., Hill

201, Southwark, Hopton Estate, 1 Zoar St., Southwark Street, SOUTHWARK, Clink Prison Mus., Sumner Bgs., Thrale St., Clink, Winch., St. Thomas

Burrell St., Prices St., Great Suffolk Street, St. Christopher House, Lavington St., Union Theatre, Tea & Coffee Mus., London Bridge

Southwark, Union, Nelson Square, Surrey Row, Sawyer, Maidstone Bgs., Red Cross Way, Talbot, Guys Hospital, 133, 141, Snows

201, Boundary Row, Fire Mus., Copperfield, Loman St., Great Suffolk Street, Pepper, Stanhope

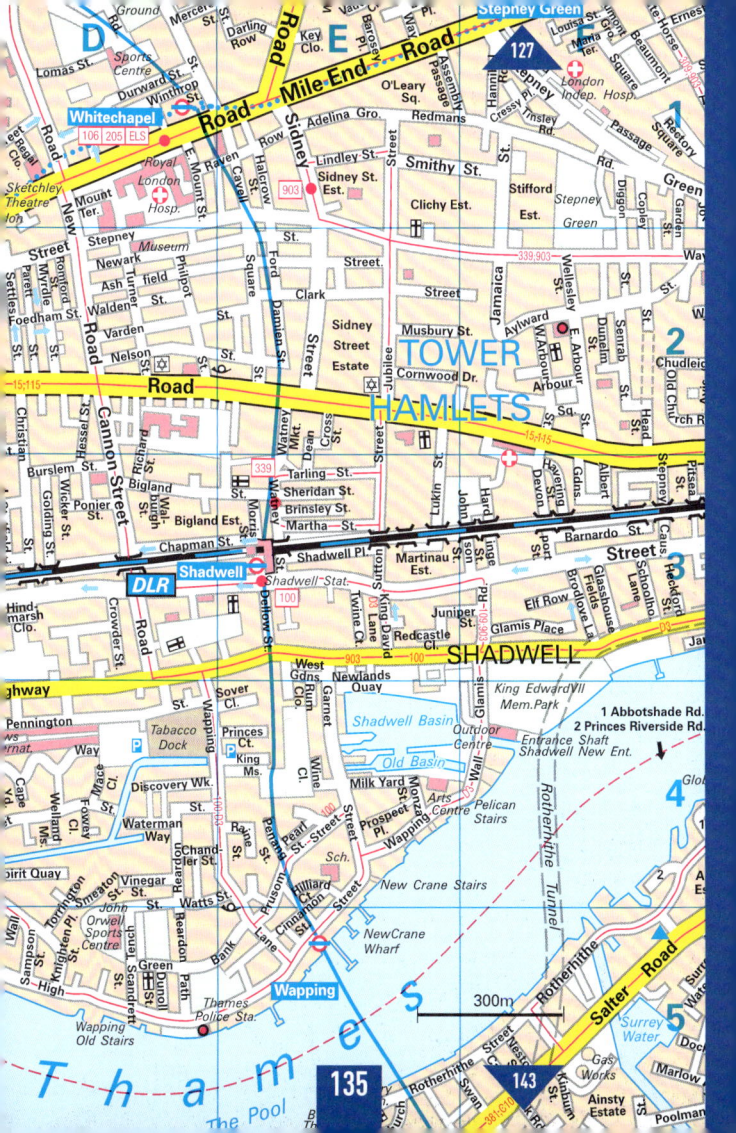

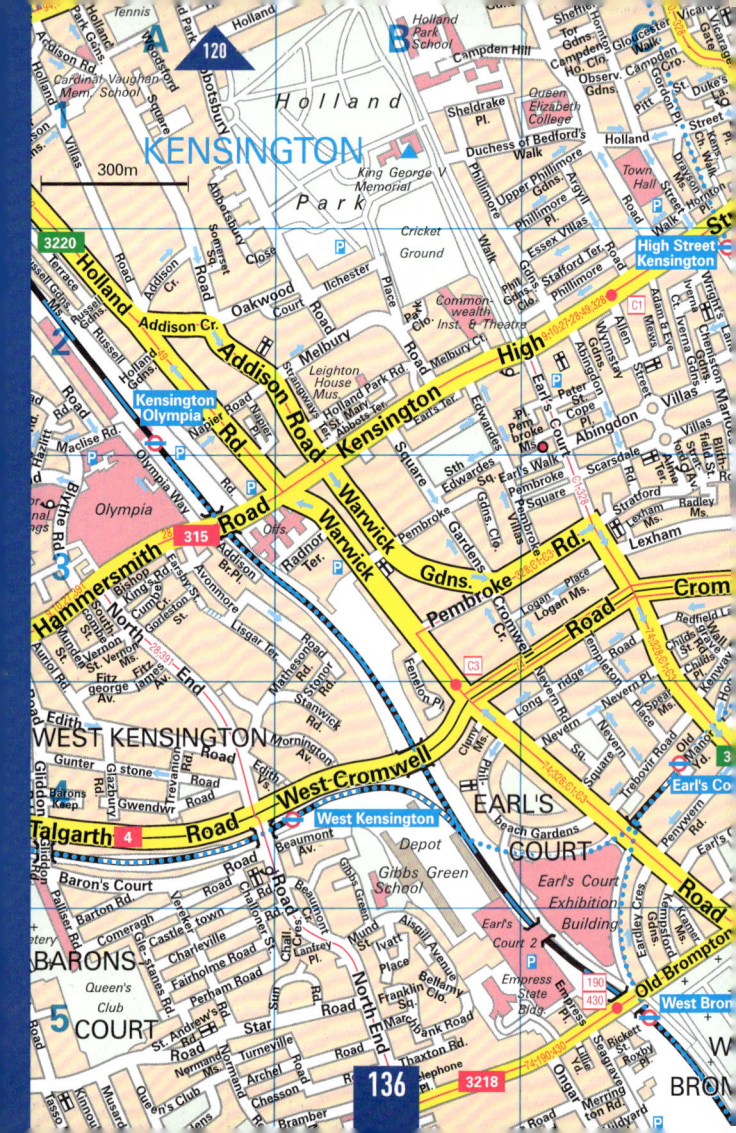

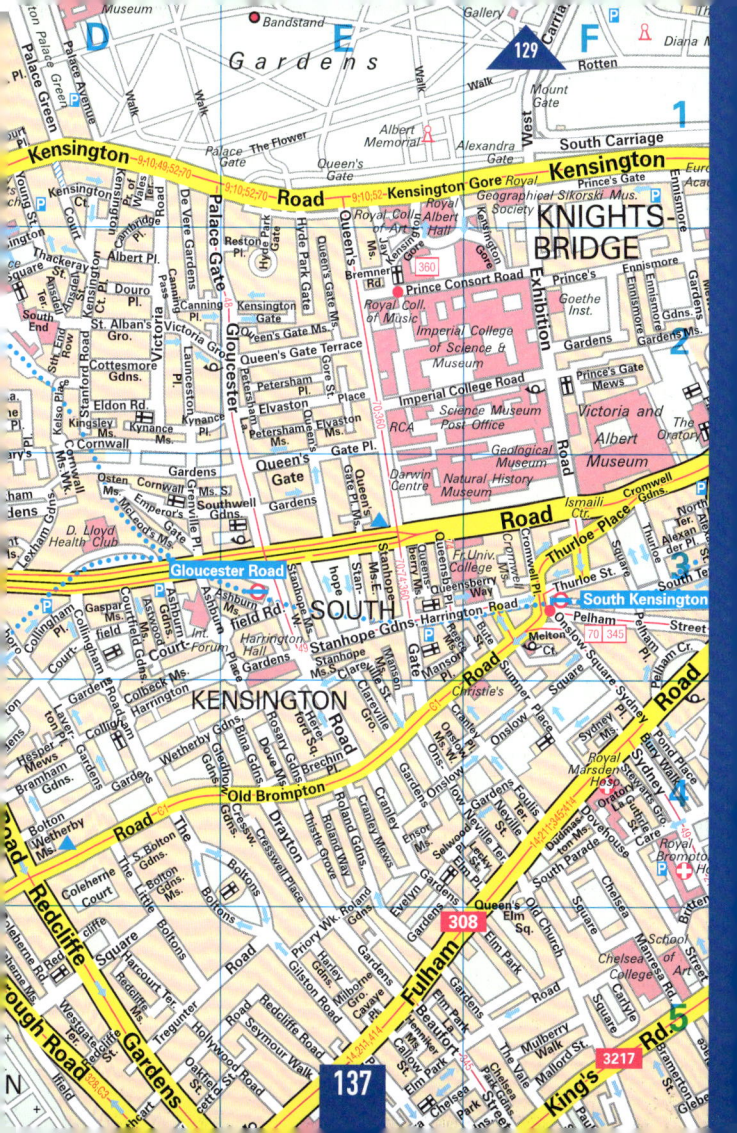

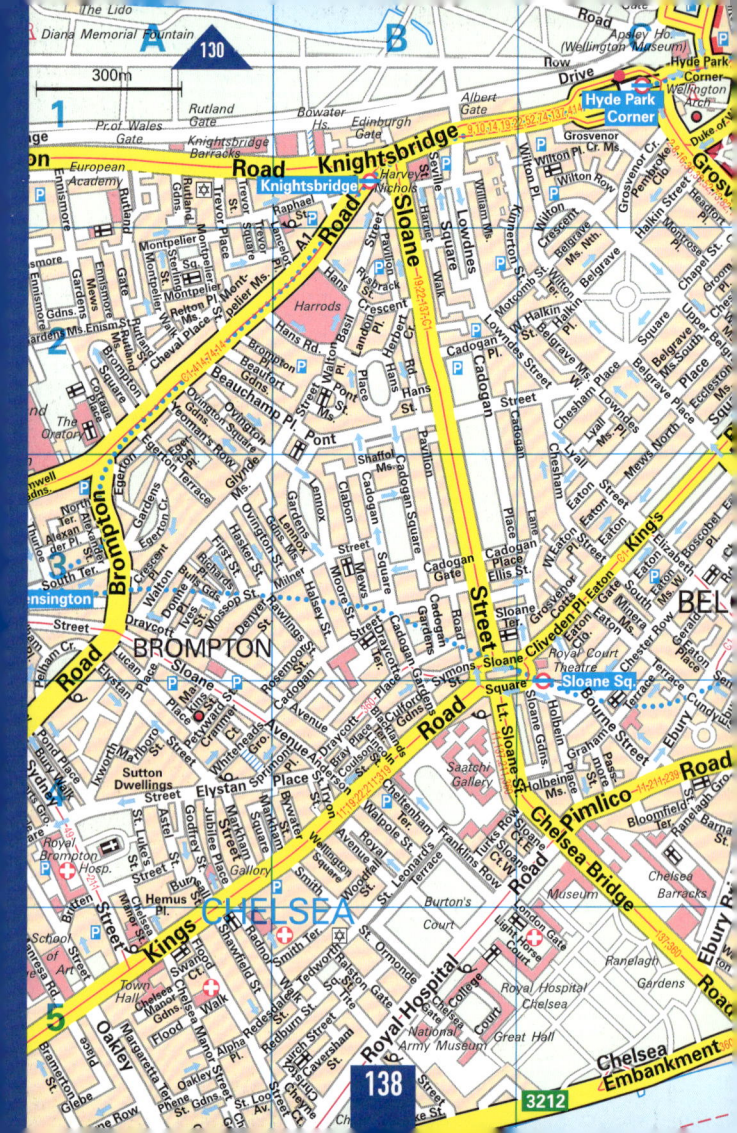

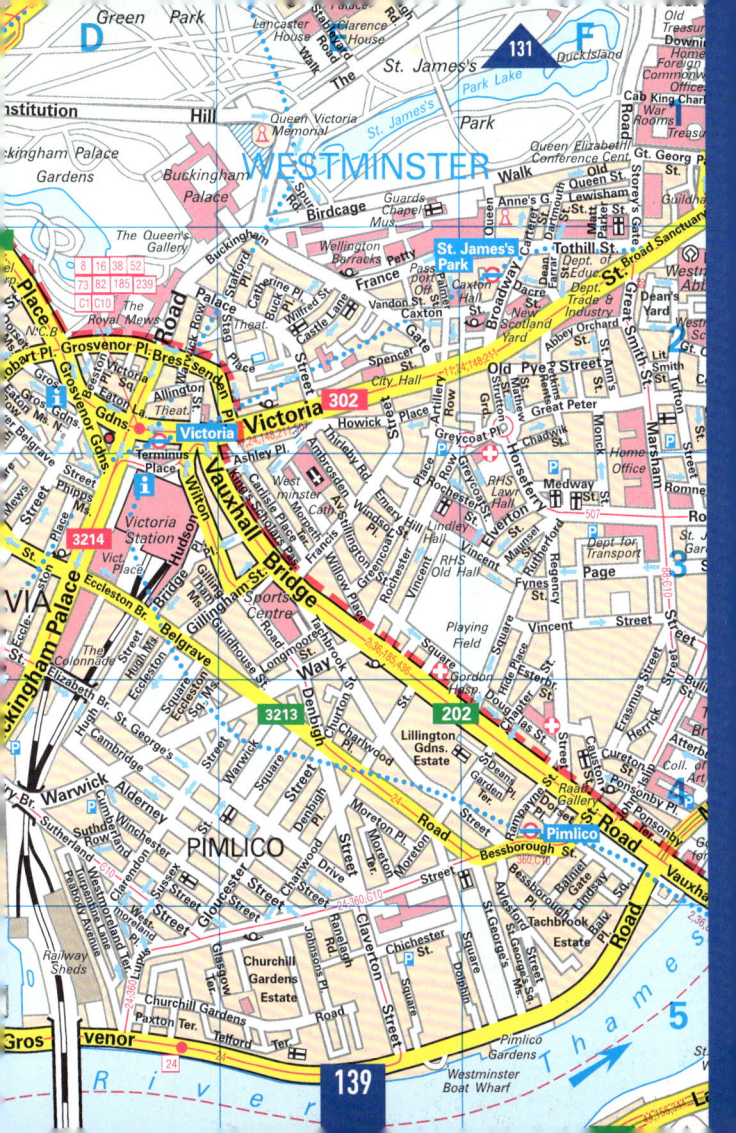

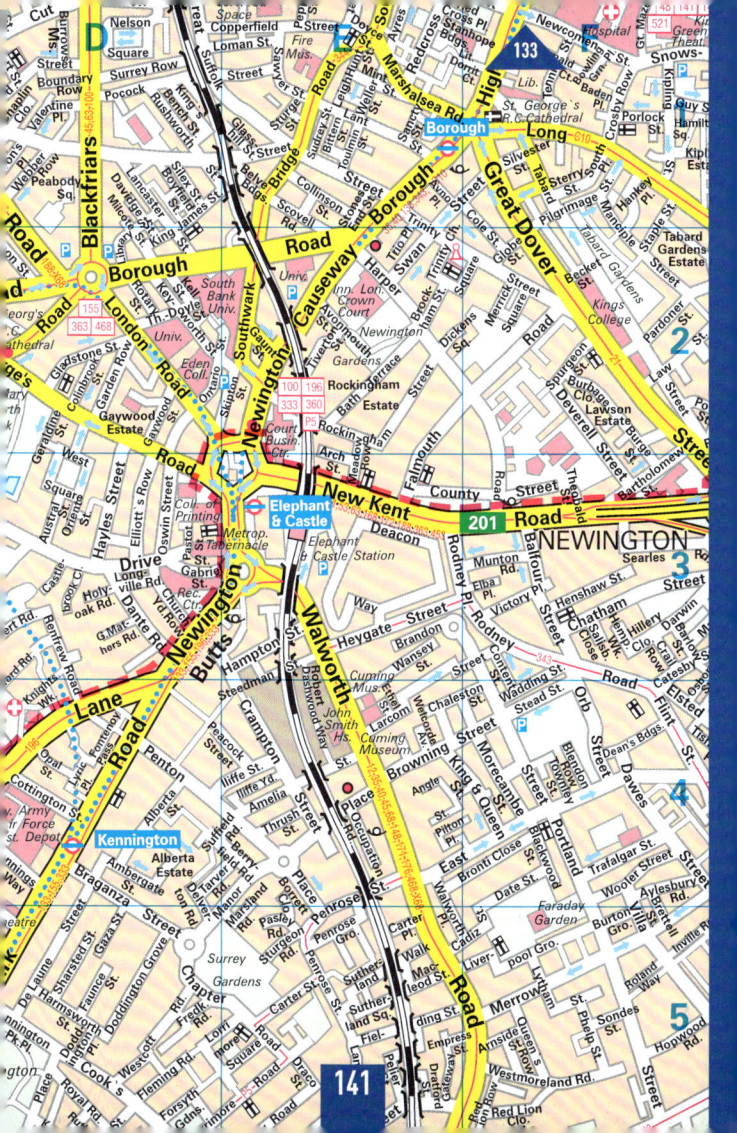

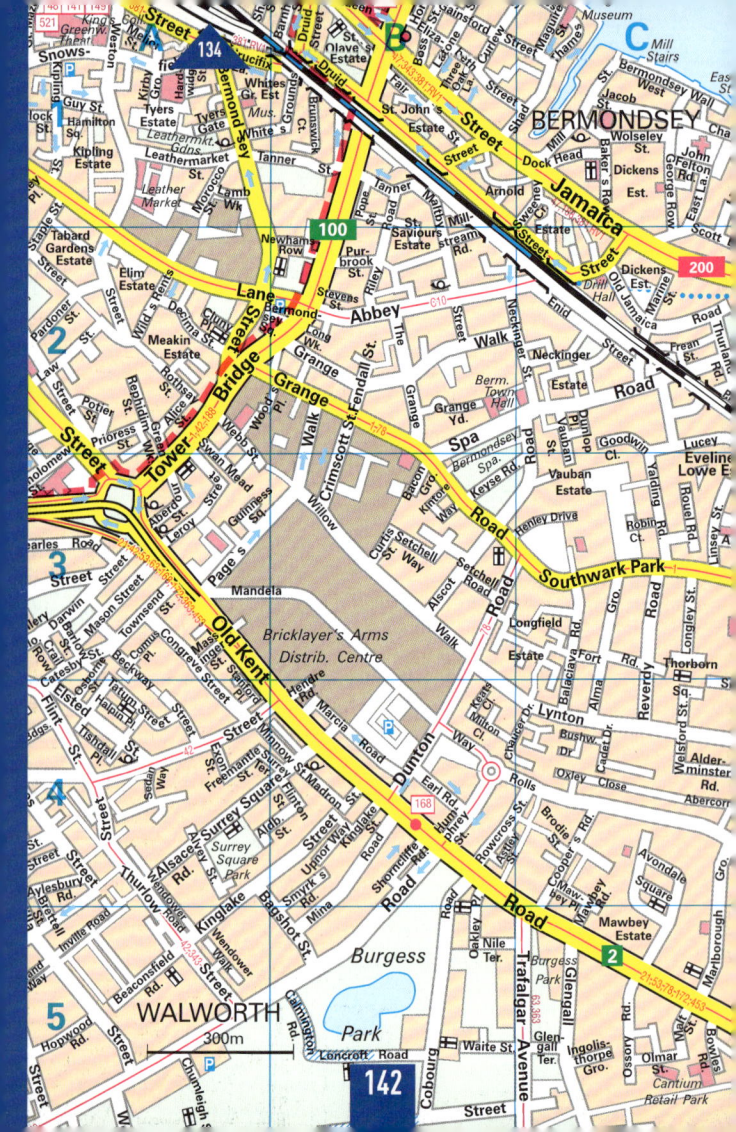

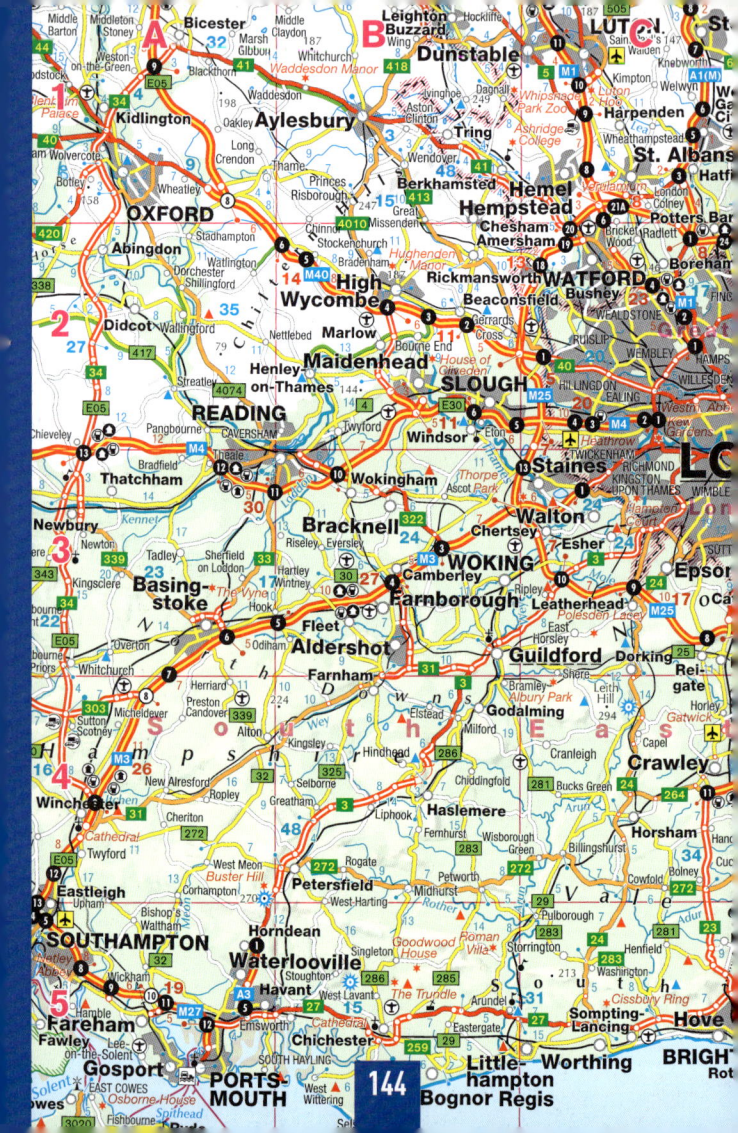

144

Das Register enthält eine Auswahl der im Cityatlas dargestellten Straßen und Plätze

A

Abbey Road 120/C1
Abbey Street 142/B2
Abercorn Place 121/D3
Abingdon Street 140/A2
Abingdon Villas 136/C2
Acacia Road 121/F2
Acton Street 124/B4
Addison Road 128/A5-136/A2
Ainsworth Street 127/E1
Albany Street 123/D2
Albatross Way 143/F1
Albert Embankment 140/A5
Albert Terrace 122/B1
Albion Drive 126/C1
Aldergate Street 125/E5-133/E1
Alderney Street 139/D4
Aldgate 134/B3
Aldwych 132/B3
Alexandra Road 121/E1
Alie Street 134/C3
Allensbury Place 123/F1-124/A1
Allitsen Road 121/F3
Alsace Road 142/A4
Amberley Road 120/C5-128/C1
Andrews Road 127/D2
Approach Road 127/F2
Argyle Street 124/A3
Arundel Street 132/C3
Ascot Estate 120/B5-128/B1
Ashbridge Street 121/F5-122/A5
Ashmill Street 122/A5-130/A1
Assembly Passage 127/E5-135/E1
Atterbury Street 139/F4-140/A4
Ayres Street 133/E5-141/E1

B

Back Hill 124/C5-132/C1
Bagshot Street 142/A4
Baker Street 122/B5
Balfour Street 141/F3
Balmes Road 125/F1-126/A1
Bancroft Road 127/F4
Barlow Street 141/F3-142/A3
Barnham Street 134/B5-142/B1
Barnsbury Road 124/C2
Baron's Court Road 136/A4
Barosey Place 127/E5-135/E1
Barrow Hill Estate 121/F3-122/A3
Barrow Hill Road 121/F3-122/A3
Bath Street 125/F4
Battle Bridge Road 123/F3-124/A3
Bayham Street 123/D1

Baylis Road 140/C1
Bayswater Road 128/C4
Beaches Street 125/F4-126/A4
Beauchamp Place 138/A2
Beaufort Street 137/E5
Beaumont Street 122/C5-130/C1
Bedford Way 123/F5-124/A5
Beech Street 133/E1
Belgrave Road 139/D3
Bell Street 129/F1-130/A1
Bellevue Place 127/E5-135/E1
Belsize Road 120/C2
Berkeley Square 131/D4
Bermondsey Street 134/B5-142/A1
Bermondsey Wall West 134/C5-142/C1
Bethnal Green Road 126/B5
Bevenden Street 125/F3-126/A3
Bidborough Street 123/F4-124/A4
Bindfield Street 124/A1
Birdcage Walk 139/E1
Bishop's Bridge Road 129/D2
Bishop's Way 127/E2
Bishopsgate 134/A2
Blackfriars Road 141/D2
Blomfield Road 121/D5-129/D1
Bloomsbury Place 132/A1
Bloomsbury Street 131/F1-132/A1
Bloomsbury Way 132/A2
Blossom Street 126/B5-134/B1
Blythe Road 136/A3
Bonchurch Road 128/A1
Bonhill Street 125/F5-126/A5
Bonner Road 127/E2
Borough High Street 141/E1
Borough Road 141/D2
Boss Street 134/B5-142/B1
Boundary Road 121/D2
Boundary Row 133/D5-141/D1
Bourne Street 138/C4
Braganza Street 141/D4
Braham Street 134/C2
Bramerton Street 137/F5-138/A5
Branch Place 125/F1-126/A1
Bressenden Place 139/D2
Brettell Street 141/F4-142/A4
Brewer Street 131/E4
Brick Lane 126/C4
Bridge Place 139/D3
Bridge Street 140/A1
Bridge Water Square 125/E5-133/E1
Bridgefoot 140/A5
Bridgeman Street 121/F3-122/A3
Bridport Place 125/F2-126/A2
Bristol Gardens 121/D5-129/D1

Bristol Mews 121/D5-129/D1
Britten Street 137/F5-138/A5
Britton Street 125/D5-133/D1
Broadley Street 129/F1
Broadway 139/F2
Broadway Market 127/D2
Brompton Road 138/A3
Brondesbury Road 120/B2
Brook Drive 140/C3
Browning Street 141/E4
Brunel Road 143/E1
Brunton Street 123/F4-124/A4
Brushfield Street 134/B1
Bruton Street 131/D4
Buckingham Palace Road 139/D4
Buckland Street 125/F3-126/A3
Bucknall Street 131/F2-132/A2
Bulinga Street 139/F4-140/A4
Burne Street 129/F1-130/A1
Burrows Mews 133/D5-141/D1
Bury Walk 137/F4-138/A4
Buttesland Street 125/F3-126/A3
Buxton Street 126/C5
Byward Street 134/A4

C

Cable Street 134/C3
Cadogan Gardens 138/B3
Cadogan Place 138/B2
Cadogan Square 138/B3
Caledonian Road 124/B3
Calshot Street 124/B2
Calthorpe Street 124/B5
Calvert Avenue 126/B4
Calvin Street 126/B5-134/B1
Cambridge Avenue 120/C2
Cambridge Gardens 120/C2
Cambridge Health Road 127/E2
Cambridge Road 120/C3
Cambridge Square 129/F2-130/A2
Camden High Street 123/D1
Camden Street 123/E1
Camley Street 123/F1-124/A2
Campbell Street 121/E5-129/E1
Campden Grove 128/C5-136/C1
Campden Hill 128/B5-136/B1
Campden House Close 128/C5-136/C1
Canal Walk 125/F1-126/A1
Cannon Street 133/E3
Cannon Street Road 135/D2
Capland Street 121/F5
Capper Street 123/E5-131/E1
Carburton Street 123/D5-131/D1

STRASSENREGISTER

Cardington Street 123/E4
Carlton Vale 120/B3
Carthusian Street 125/E5-133/E1
Cartwright Gardens 123/F4-124/A4
Catesby Street 141/F4-142/A4
Cavendish Square 131/D2
Central Street 125/E3
Chalbert Street 121/F2-122/A2
Chalton Street 123/E2
Chancery Lane 132/C2
Chapel Street 130/A1-138/C2
Chapter Road 141/D5
Charing Cross Road 131/F2
Charles Square 125/E4-126/A4
Charlotte Street 131/E1
Charterhouse Street 133/D2
Chatham Street 141/F3
Cheapside 133/E2
Chelsea Bridge 138/C5
Chelsea Bridge Road 138/C4
Chelsea Embankment 138/C5
Chepstow Road 128/C2
Cherbury Court 125/F3-126/A3
Cherbury Street 125/F3-126/A3
Cheshire Street 126/C5-127/D4
Chester Road 122/C4
Chicheley Street 132/B5-140/B1
Chichester Road 120/C3-129/D1
Chiltern Street 122/B5-130/B1
China Walk Estate 140/C3
Chiswell Street 125/F5-133/F1
Circus Road 121/E3
City Road 125/D3
Claremont Square 124/C3
Claverton Street 139/E5
Clayton Street 140/C5
Clements Road 143/D3
Clere Place 125/F4-126/A4
Clere Street 125/F5-126/A5
Clerkenwell Road 124/C5-132/C1
Cleveland Row 131/E5-139/E1
Cleveland Street 123/D5-131/D1
Clifton Gardens 121/D5-129/D1
Clifton Road 121/E5
Clifton Street 126/A5-134/A1
Clipstone Mews 123/D5-131/D1
Cliveden Place 138/C3
Club Row 126/B4
Cobourg Road 142/B5
Colebert Avenue 127/E5
Collier Street 124/B3
Columbia Road 126/B4
Commercial Road 135/D2
Commercial Street 126/B5
Conduit Street 131/D3
Connaught Road 130/A3
Cons Street 132/C5-140/C1
Constitution Hill 139/D1

Cook's Road 141/D5
Copenhagen Street 124/A2
Copperfield Street 133/D5-141/D1
Copthall Court 133/F2-134/A2
Cornhill 133/F3-134/A3
Cosser Street 140/C2
Cosway Street 122/A5-130/A1
County Street 141/E3
Courtenay Street 140/C4
Courtfield Gardens 137/D3
Courtfield Road 137/D3
Cowley Street 139/F2-140/A2
Crail Row 141/F3-142/A3
Crampton Street 141/E4
Cranston Estate 125/F2-126/A2
Craven Hill 129/E3
Craven Road 129/E3
Crawford Street 130/A2
Cremer Street 126/B3
Crimscott Street 142/B3
Cromer Street 124/A4
Crompton Street 121/E5-129/E1
Cromwell Crescent 136/B3
Cromwell Road 136/C3
Cropley Street 125/F2
Cross Street 125/D1
Crowndale Road 123/E2
Crucifix Lane 134/A5-142/A1
Curlew Street 134/B5-142/B1
Curtain Road 126/A4
Curzon Street 130/C5
Cuthbert Street 121/F5-129/F1

D

Dante Road 141/D3
Darling Row 127/E5-135/E1
Darwin Street 141/F3-142/A3
Daventry Street 122/A5-130/A1
Dawes Street 141/F4
De Beauvoir Road 126/A1
Deacon Way 141/E3
Deal Street 126/C5-134/C1
Dean Street 131/F2
Dean's Yard 139/F2-140/A2
Delancey Street 123/D2
Denbigh Street 139/E4
Denne Terrace 126/C2
Deverell Street 141/F2
Devonshire Mews West
122/C5-130/C1
Devonshire Place 122/C5-130/C1
Devonshire Street 130/C1
Dickens Estate 142/C1
Dock Street 134/C3
Dombey Street 124/B5-132/B1
Dominion Street 133/F1-134/A1
Donaldson Road 120/B2
Donegal Street 124/B3

Dorset Close 122/B5-130/B1
Dorset Square 122/B5-130/B1
Downing Street 131/F5-140/A1
Doyce Street 133/E5-141/E1
Drayton Gardens 137/E4
Druid Street 134/B5-142/B1
Duchess Street 131/D2
Duke Street 130/C2-131/E4
Dunbridge Street 126/C5
Dunston Road 126/B2
Dunton Road 142/B4
Durham Street 140/B5
Dyne Road 120/A1
Dysart Street 126/A5-134/A1

E

Earl Street 126/A5-134/A1
Earl's Court Road 136/C2
Earlham Street 131/F3-132/A3
East Road 125/E4
East Smithfield 134/C4
East Street 133/F2-141/E4
Eastbourne Terrace 129/E2
Eastcheap 134/A3
Eaton Square 138/C2
Ebury Bridge 139/D4
Ebury Bridge Road 138/C5
Ebury Street 138/C4
Edgware Road 121/E5
Edith Road 136/A4
Elder Street 126/B5-134/B1
Eldon Street 133/F1-134/A1
Elgin Avenue 120/B5
Elizabeth Avenue 125/F1
Elkstone Road 120/A5-128/A1
Elmfield Way 120/C5-128/C1
Elsted Street 141/F4-142/A4
Elsworthy Road 121/F1
Elverton Street 139/F3
Elystan Place 138/A4
Emerald Street 124/B5-132/B1
Ennismore Gardens
137/F1-138/A1
Epworth Street 125/F5-126/A5
Essex Road 125/D2
Ethelred Estate 140/B3
Euston Road 123/D5
Eveline Lowe Estate 142/C3
Eversholt Street 123/E2
Exhibition Road 137/F2

F

Fair Street 134/B5-142/B1
Fairfax Road 121/E1
Falmouth Road 141/E3
Fann Street 125/E5-133/E1
Farringdon Road 124/C4
Farringdon Street 133/D2

Fellows Court 126/B2
Felton Street 125/F2-126/A2
Fenchurch Street 134/A3
Fendall Street 142/B2
Fernhead Road 120/B3
Fetter Lane 132/C2
Finborough Road 136/C5
Finch Lane 133/F3-134/A3
Finchley Road 121/E2
Finsbury Circus 133/F1-134/A1
Finsbury Market 126/A5-134/A1
Finsbury Square 125/F5-134/A1
Fitzalan Street 140/C3
Fitzroy Road 122/B1
Flaxman Terrace 123/F4-124/A4
Fleet Street 132/C2
Flint Street 141/F4-142/A4
Folgate Street 126/B5-134/B1
Formosa Street 121/D5-129/D1
Fulham Road 137/E5
Fullwoods Mews 125/F3-126/A3

G

Gainsford Street 134/B5-142/B1
Galleywall Road 143/D3
Gateforth Street 121/F5-122/A5
Gavfere Street 139/F2-140/A2
George Street 130/B2-131/D3
Gillingham Street 139/D3
Glebe Place 137/F5-138/A5
Glengall Road 142/C5
Globe Road 127/E3
Gloucester Avenue 122/C2
Gloucester Gate 122/C2
Gloucester Place 122/B5
Gloucester Road 137/E2
Gloucester Square 129/F3
Gloucester Street 139/D5
Gloucester Walk 128/C5-136/C1
Golborne Road 128/A1
Golden Lane 125/E5
Goodge Street 131/E1
Goods Way 123/F1-124/A3
Gopsall Street 125/F2-126/A2
Gordon Place 128/C5-136/C1
Gosset Street 126/C4
Goswell Road 125/D3
Gower Street 123/E4
Gracechurch Street 134/A3
Grafton Way 123/E5-131/E1
Granby Terrace 123/D3
Grange Road 142/A2
Grange Street 125/F2-126/A2
Grange Walk 142/B2
Gray's Inn Road 124/B3
Great Central Street 122/B5-130/B1
Great College Street 139/F2-140/A2
Great Dover Street 141/F1

Great Eastern Street 126/A4
Great Georg Street 139/F1-140/A1
Great Ormond Street
  124/A5-132/A1
Great Percy Street 124/C3
Great Portland Street
  123/D5-131/D1
Great Queen Street 132/B2
Great Russell 131/F2
Great Smith Street 139/F2
Great Suffolk Street 133/D5
Great Tichfield Street
  123/D5-131/D1
Great Tower Street 134/A3
Great Western Road 120/B5
Greenberry Street 121/F3-122/A3
Greenwell Street 123/D5-131/D1
Grendon Street 121/F4-122/A4
Greville Place 121/D2
Greville Street 132/C1
Grey Eagle Street 126/B5-134/B1
Grosvenor Gardens 139/D2
Grosvenor Place 138/C1-139/D2
Grosvenor Road 139/D5
Grosvenor Street 130/C3
Grove End Road 121/E3
Grove Road 127/F2
Guilford Street 124/A5-132/A1
Guy Street 141/F1-142/A1

H

Hackney Road 126/B4
Haggerston Road 126/B1
Hall Place 121/E5-129/E1
Hall Road 121/E4
Hallam Street 123/D5-131/D1
Hammersmith Road 136/A3
Hampstead Road 123/E3
Hampton Street 141/E3
Hanbury Street 126/B5-134/B1
Harewood Avenue 122/A5
Harley Street 122/C5
Harleyford Road 140/B5
Harper Street 141/E2
Harrow Road 120/A4-129/E2
Harvey Street 125/F1-126/A1
Hastings Street 123/F4-124/A4
Hatton Garden 124/C5-132/C1
Hatton Place 124/C5-132/C1
Hatton Wall 124/C5-132/C1
Hawkstone Road 143/F3
Hayes Place 122/A5-130/A1
Hayles Street 141/D3
Haymarket 131/F4
Hemingford Road 124/B3
Herbrand Street 123/F4-124/A4
Hercules Road 140/C2
Hereford Road 128/C2

Herrick Street 139/F4-140/A4
Heygate Street 141/E3
High Holborn 132/A2
Hillgrove Road 121/E1
Hobart Place 139/D2
Holborn Viaduct 133/D2
Holland Park Avenue 128/A5
Holland Road 136/A2
Hopton Street 133/D4
Hopwood Road 141/F5-142/A5
Horse Guards Avenue 132/A5
Horse Guards Parade
  131/F5-132/A5
Horse Guards Road 131/F5
Horseferry Road 139/F2
Horsleydown Street
  134/B5-142/B1
Houndsditch 134/A2
Howell Street 121/E5-129/E1
Howland Street 131/E1
Hudson Place 139/D3
Hunter Street 124/A4
Hunton Street 126/C5-134/C1
Hyde Park Corner 130/C5-138/C1
Hyde Park Crescent 129/F2-130/A2
Hyde Park Square 129/F3-130/A3

I

Ilderton Road 143/E4
Inner Circle 122/B4
Ironmonger Row 125/E4

J

Jamaica Road 142/C1
Jamaica Street 135/F2
James Street 130/C2-132/A3
Jermyn Street 131/E4
Jerome Court 121/F4-122/A4
Jerome Street 126/B5-134/B1
Joiner Street 133/F5-134/A5
Judo Street 124/A4

K

Kay Street 126/C2
Kennington Lane 140/B5
Kennington Oval 140/B5
Kennington Park Road 140/C5
Kennington Road 140/C2
Kensington Church Street 128/C4
Kensington Court 137/D1
Kensington Gore 137/E1
Kensington High Street 136/B3
Kensington Palace Gardens 128/C4
Kensington Road 137/D1
Kentish Town Road 123/D1
Key Close 127/E5-135/E1
Kilburn High Road 120/B1
Kilburn Park Road 120/C4

STRASSENREGISTER

Kilburn Square 120/C2
King & Queen Street 141/E4
King Edward's Road 127/E1
King Henry's Road 121/F1
King Street 131/E5-133/F2
King William Street 133/F3
Kinglake Street 142/A5
King's Bench Street 133/D5-141/D1
King's Cross Road 124/B3
King's Road 137/F5-138/C3
Kingsland Road 126/B3
Kingsway 132/B2
Kingswood Avenue 120/A2
Kipling Estate 141/F1-142/A1
Kipling Street 133/F5-142/A1
Knightsbridge 138/B1

L

Laburnum Street 126/B2
Lackington Street 133/F1-134/A1
Ladbroke Grove 128/A2
Lamb Street 126/B5-134/B1
Lambeth Bridge 140/A3
Lambeth Palace Road 140/B3
Lambeth Road 140/B3
Lambeth Walk 140/C3
Lamb's Passage 125/F5-133/F1
Lancaster Terrace 129/F3
Latone Street 134/B5-142/B1
Lauderdale Road 121/D4
Law Street 141/F2-142/A2
Leadenhall Street 134/A3
Leake Street 132/B5-140/B1
Leather Lane 124/C5-132/C1
Leinster Terrace 129/E3
Leman Street 134/C2
Leonard Street 125/F4
Lever Street 125/E4
Lexham Gardens 136/C3
Lisson Green Estate 122/A4
Lisson Grove 121/F4
Lisson Street 121/F5-130/A1
Little Albany Street 123/D4
Little Sloane Street 138/B4
Lodge Road 121/F4
Lollard Street 140/C3
Loman Street 133/D5-141/D1
Lomas Street 127/D5-135/D1
Lombard Street 133/F3
London Bridge 133/F4-134/A4
London Road 141/D2
London Wall 133/E2
Long Acre 132/A3
Long Lane 133/D1-141/F1
Lowdnes Square 138/B1
Lower Road 143/E2
Lower Thames Street
    133/F4-134/A4

Ludgate Hill 133/D3
Luxborough Street 122/C5-130/C1
Lynton Road 120/B2-142/C4

M

Maguire Street 134/C5-142/C1
Maida Avenue 121/E5-129/E1
Maida Vale 121/D2
Malet Street 133/F5-131/F1
Mansell Street 134/B2
Mansford Street 127/D3
Maple Street 125/E5-131/E1
Mare Street 127/E2
Marlborough Avenue 126/C2
Marleybone High Street 130/C2
Marloes Road 136/C2
Marshalsea Road 133/E5-141/E1
Marsham Street 139/F2-140/A2
Marylands Road 120/C5-128/C1
Marylebone Road 130/A1
Mason Street 141/F3-142/A3
Melbury Road 136/B2
Melbury Terrace 122/A5-130/A1
Melcombe Place 122/B5-130/B1
Melcombe Street 122/B5-130/B1
Melior Street 134/A5-142/A1
Merceron Street 127/D5-135/D1
Merrow Street 141/F5
Middlesex Street 134/B1
Middleton Road 126/B1
Midland Road 123/F3-124/A3
Mile End Road 127/E5-135/E1
Millbank 139/F4-140/A4
Minories 134/B3
Mint Street 133/E5-141/E1
Monmouth Street 132/A3
Montague Place 131/F1-132/A1
Montague Street 132/A1
Monument Street 133/F3-134/A3
Moorgate 133/F2
Morecambe Street 141/F4
Mortimer Street 131/D2
Mount Pleasant 124/C5-132/C1

N

Nelson Square 133/D5-141/D1
Nevern Square 136/C4
New Bond Street 131/D3
New Bridge Street 133/D3
New Cavendish Street 130/C2
New Fetter Lane 132/C2
New Kent Road 141/E3
New North Road 125/E1-126/A3
New Oxford Street 131/F2-132/A2
New Road 135/D1
Newburn Street 140/B4
Newcomen Street 133/F5-141/F1
Newgate Street 133/D2

Newington Butts 141/D3
Newington Causeway 141/E2
Newman Street 131/E2
North Bank 121/F4-122/A4
North Carriage Drive 130/A3
North End Road 136/A3
North Gower Street 123/E4
Northington Street 124/B5-132/B1
Northumberland Avenue 132/A4
Notting Hill Gate 128/B4
Nottingham Place 122/C5-130/C1

O

Oakley Square 123/E2
Oakley Street 138/A5
Oakwood Court 136/A2
Observatory Gardens
    128/C5-136/C1
Old Bethnal Green Road 127/D3
Old Brompton Road
    136/C5-137/E4
Old Ford Road 127/E3
Old Kent Road 142/B4
Old Marylebone Road 130/A2
Old Pye Street 139/F2
Old Street 125/E5
Oldfield Grove 143/F4
O'Leary Square 127/E5-135/E1
Ongar Road 136/C5
Onslow Gardens 137/E4
Orb Street 141/F4
Orchard Close 128/A1
Orchard Street 130/C2
Orde Hall Street 124/B5-132/B1
Ormond Close 124/B5-132/B1
Osborn Street 134/C2
Ossulston Street 123/F3
Outer Circle 122/A3-123/D3
Oxford Circus 120/C3
Oxford Street 130/B3

P

Packington Square 125/E2
Page Street 139/F3
Page's Walk 142/A3
Palace Avenue 129/D5-137/D1
Palace Gate 137/D1
Palace Green 129/D5-137/D1
Palace Street 139/D2
Pall Mall 131/E5
Pall Mall East 131/F4
Pancras Road 123/F2-124/A3
Pardoner Street 141/F2-142/A2
Park Crescent 123/D5
Park Crescent Mews East
    123/D5-131/D1
Park Lane 130/B3
Park Place Villas 121/E5-129/E1

Park Road 122/A4
Park Street 130/C3-133/E4
Park Village East 123/D2
Parkway 123/D2
Parliament Square 139/F1-140/A1
Paul Street 126/A5
Peabody Estate 125/F5-132/C5
Pelham Crescent 137/F4-138/A4
Pembridge Road 128/C4
Pembridge Villas 128/C3
Pembroke Gardens 136/B3
Pembroke Road 136/B3
Penn Street 125/F2-126/A2
Penrose Street 141/E5
Penton Place 141/D4
Penton Rise 124/B3
Pentonville Road 124/B3
Pepper Street 133/E5-141/E1
Percival Street 125/D4
Percy Street 131/E2
Phoenix Place 124/C4
Piccadilly 131/D5
Pimlico Road 138/C4
Pindar Street 126/A5-134/A1
Pitfield Street 126/A2
Pond Place 137/F4-138/A4
Ponsonby Terrace 139/F4-140/A4
Pont Street 138/B2
Porchester Road 129/D2
Porchester Street 129/F2-130/A2
Portland Place 123/D5-131/D1
Portland Street 141/F4
Portman Square 130/B2
Portobello Road 120/A5-128/B3
Potier Street 141/F2-142/A2
Poultry 133/F3
Powis Place 124/B5-132/B1
Praed Street 129/F2
Pratt Street 123/E2
Prebend Street 125/E2
Prince Albert Road 122/A3
Princes Street 131/D3-133/F2
Princess Road 120/B3-122/C1
Prioress Street 141/F2-142/A2
Priory Road 120/C1
Priory Terrace 121/D1
Pritchards Road 127/D2
Provost Street 125/F3

Q

Queen Elizabeth Street 134/B5-142/B1
Queen Square 124/A5-132/A1
Queen Street 131/D4-133/F3

Queen Victoria Street 133/D3
Queen's Gate 137/E1
Queen's Gate Gardens 137/E3
Queen's Gate Terrace 137/E2
Queen's Grove 121/E2
Quex Road 120/C1

R

Radlett Place 121/F1-122/A1
Radnor Place 129/F3-130/A3
Radnor Terrace 136/B3
Randolph Mews 121/E5-129/E1
Rathbone Place 131/E2
Raymouth Road 143/E3
Red Cross Place 133/E5-141/E1
Redan Place 129/D3
Redcliffe Gardens 137/D4
Redcross Way 133/E5-141/E1
Reeves Mews 130/C4
Regent Street 131/D2
Regent's Park Road 122/B1
Regents Row 126/C2
Reverdy Road 142/C4
Richmond Avenue 124/B1
Richmond Terrace 132/A5-140/A1
Ridgemount Gardens 123/F5-131/F1
Riding House Street 131/D2
Rodney Place 141/E3
Rodney Road 141/F3
Rodney Street 124/B2
Roman Road 127/E4
Romney Street 139/F3-140/A3
Rosebury Avenue 124/C5
Rossmore Road 122/A5
Rotherhithe New Road 143/F3
Rotherhithe Old Road 143/F3
Rotherhithe Street 135/E5-143/E1
Rotherhithe Tunnel 143/E2
Rotten Row 129/F5-137/F1
Royal College Street 123/E1
Royal Hospital Road 138/B5
Royal Mint Street 134/B3
Rugby Street 124/B5-132/B1
Russell Square 123/F5-132/A1

S

Saffron Hill 124/C5-132/C5
Saint Ann's Terrace 121/F2
Saint Bride Street 133/D2
Saint Edmund's Terrace 122/A2
Saint George's Road 140/C2
Saint James Road 143/D5
Saint James's Square 131/E4
Saint James's Street 131/E4

Saint John Street 125/D3
Saint John's Estate 125/F2-126/A2
Saint John's Lane 125/D5-133/D1
Saint John's Square 125/D5-133/D1
Saint John's Wood Road 121/E4
Saint John's Wood Terrace 121/F2
Saint Katharine's Way 134/B4
Saint Luke's Estate 125/F4
Saint Martin's Lane 132/A3
Saint Mary's Mansions 121/E5-129/E1
Saint Mary's Terrace 121/E5-129/E1
Saint Olave's Estate 134/B5-142/B1
Saint Pancras Way 123/E1
Saint Paul's Church Yard 133/D3
Saint Peter's Street 125/D2
Saint Thomas Street 133/F5-134/A5
Sale Place 129/F2-130/A2
Salusbury Road 120/A1
Sawyer Street 133/E5-141/E1
Sclater Street 126/B5
Serpentine Road 130/A5
Seymour Place 130/A1
Seymour Street 130/B3
Shaftesbury Avenue 131/F3
Shand Street 134/A5-142/A1
Sheep Lane 127/D2
Sheffield Terrace 128/C5-136/C1
Shepherdess Walk 125/E2
Shepperton Road 125/E1
Shirland Road 120/B4
Shoe Lane 133/D2
Shoreditch High Street 126/B4
Short Street 133/D5-141/D1
Shroton Street 122/A5-130/A1
Sidney Street 135/E1
Sidney Street Estate 135/E1
Silwood Street 143/E3
Singer Street 125/F4-126/A4
Skinner Street 124/C4
Sloane Avenue 138/A3
Sloane Street 138/B1
Smithy Street 135/E1
Snowdon Street 126/A5-134/A1
Snowsfields 133/F5-142/A1
South Audley Street 130/C4
South Carriage Drive 137/F1
South Place 133/F1-141/F1
South Terrace 137/F3-138/A3
South Wharf Road 129/F2
Southampton Row 124/A5-132/A1
Southgate Grove 125/F1-126/A1

STRASSENREGISTER

Southgate Road 125/F1-126/A1
Southwark Bridge 133/E4
Southwark Bridge Road 133/E5-141/E1
Southwark Park Road 142/C3
Southwark Street 133/D4
Southwick Place 125/F3-130/A3
Southwick Street 129/F2-130/A2
Spa Road 142/B2
Spencer Street 125/D4-139/E2
Spital Square 126/B5-134/B1
Spital Street 126/C5-134/C1
Spring Gardens 131/F4-132/A4
Spring Street 129/E3
Stableyard Road 131/E5-139/E1
Stamford Street 132/C5
Stanhope Buildings 133/E5-141/E1
Stanhope Gardens 137/E3
Staple Street 141/F2-142/A2
Star Road 136/C3
Stepney Green 127/F5-135/F1
Steward Street 126/B5-134/B1
Storey's Gate 139/F1-140/A1
Strand 132/A4
Surrey Canal Road 143/F5
Surrey Row 133/D5-141/D1
Surrey Square 142/A4
Sussex Gardens 129/E3
Sussex Place 122/B4-129/F3
Sutherland Avenue 120/C5-128/C1
Swain Street 121/F4-122/A4
Swan Road 135/E5-143/E1
Swan Street 141/E2
Swinton Street 124/B4
Sydney Street 137/F4

T

Tabard Gardens Estate 141/F2-142/A2
Tabernacle Street 125/F5-126/A5
Taunton Mews 122/B5-130/B1
Tavistock Place 123/F5-124/A5
Tavistock Road 128/A2
Temple Place 132/B3
Tennyson Road 120/B1
The Boltons 137/D4
The Cut 132/C5-140/C1
The Highway 134/C4
The Mall 131/E5-139/E1
Theberton Street 124/C1
Theobald's Road 132/B1
Thornhaugh Street 123/F5-132/A1
Threadneedle Street 133/F3
Thurloe Place 137/F3

Thurlow Street 142/A4
Tishdall Place 141/F4-142/A4
Tooley Street 133/F4-134/A4
Tor Gardens 128/C5-136/C1
Torrington Place 123/E5-135/D5
Tothill Street 139/F2
Tottenham Court Road 123/E5
Tower Bridge 134/B5
Tower Bridge Approach 134/B4
Tower Bridge Road 142/A3
Tower Hill 134/B4
Tower Street 131/F3-132/A3
Townshend Road 121/F2-122/A2
Trafalgar Avenue 142/C5
Trafalgar Square 131/F4-132/A4
Tranton Street 143/D2
Tudor Street 132/C3
Tufton Street 139/F2-140/A2
Turnmill Street 125/D5-133/D1
Tyers Street 140/B5

U

Ufton Road 126/A1
Underwood Road 126/C5-134/C1
Union Street 133/D5-141/D1
Upper Berkeley Street 130/B3
Upper Ground 132/C4
Upper Street 125/D3
Upper Thames Street 133/E3
Upper Woburn Place 123/F4

V

Vallance Road 127/D4
Vauxhall Bridge 139/F4-140/A4
Vauxhall Bridge Road 139/D3
Vauxhall Street 140/B4
Vauxhall Walk 140/B4
Venables Street 121/F5-129/F1
Vicarage Gardens 128/C5-136/C1
Vicarage Gate 128/C5-136/C1
Victoria Embankment 140/A1
Victoria Park Road 127/E2
Victoria Street 139/E2
Villa Street 141/F4
Vincent Square 139/E3
Viscount Street 125/E5-133/E1

W

Wadham Gardens 121/F1-122/A1
Walcot Square 140/C3
Walterton Road 120/B5
Walworth Road 141/E3
Wardour Street 131/E2

Warner Place 126/C3
Warwick Avenue 121/D5-129/D1
Warwick Gardens 136/B3
Warwick Road 136/B3
Warwick Square 133/D2-139/E4
Warwick Way 139/D4
Waterloo Bridge 132/B4
Waterloo Road 132/C5-140/C1
Webber Street 132/C5-140/C1
Wellington Road 121/F2
Wells Mews 131/E2
West Carriage Drive 129/F4-137/F1
West Cromwell Road 136/B4
West End Lane 120/C1
Westbourne Grove 128/C3
Westbourne Park Road 128/A2
Westbourne Street 129/F3
Westbourne Terrace 129/D2
Westgate Street 127/D1
Westminste Bridge Road 140/C2
Westminster Bridge 140/A1
Weston Street 134/A5-142/A1
Westway 128/A2-129/F1
Weymouth Street 130/C1
Wharf Road 125/E2
Wharfdale Road 124/A2
Wharton Street 124/B4
Wheler Street 126/B5-134/B1
Whitcomb Street 131/F4
White Lion Street 124/C3
Whitechapel High Street 134/B2
Whitechapel Road 134/C2
Whitecross Street 125/E5
Whitehall 131/F4-132/A4
Whites Ground Estate 134/A5-142/A1
Whitmore Road 126/A2
Wigmore Street 130/C2
Wilson Street 133/F1-134/A1
Wilton Road 139/D3
Wilton Street 138/C2
Winchester Avenue 120/A1
Woburn Place 123/F5-124/A5
Woodfield Place 120/B5-128/B1
Woodfield Road 120/B5-128/B1
Woodseer Street 126/C5-134/C1
Wootton Street 132/C5-140/C1
Worship Street 125/F5-126/A5

Y

York Road 140/B1
York Way 124/A1

ABC

Im Register finden Sie alle in diesem Reiseführer beschriebenen Sehenswürdigkeiten, Museen, Unterkünfte, Gaststätten, Einrichtungen und Ausflugsziele sowie die Namen wichtiger Personen. Halbfette Seitenzahlen verweisen auf den Haupteintrag.

Abbey Wood 100
Absolute Vintage 70
Alice Temperley 75
Amuse-Bouche 5, **77**
Any Amount of Books 70
Battersea Arts Centre 29
Battersea Car Boot Sale 4, **61**
Battersea Zoo 111
Beigel Bakery 85
Bicester 74
Big Ben 7
Big Chill House 79
Blues Bar 79
Bonnington Café 56
Botticelli 25
British Library 4, **22**
British Museum 14, **23**
Broadway Market 109
Buckingham Palace 12, **37**, 114
Bunhill Fields 52
Burberry Factory Outlet 74
Cable Car 42
Camden Market 73
Camino 48
Camping & Army Surplus 63
Canary Wharf 12, 25
Cancer Research 71
Caphê House 49
Chapel Royal 38
Charles Saatchi 27
Chinesisches Neujahr 17
Chipotle Mexican Grill 54
City Bike 11
Clink Hostels 92
Comptoir Libanais 54
Cool Britannia-Souvenirshop 73
Coram's Field 115
Covent Garden 7, 60, 108, 114
Cybercandy 114
Damien Hirst 27
David Hockney 27

Departure Café 46
DWS Designer Warehouse 74
E Pellicci 49
Easyhotels 95
Eisenbahndschungeltrail 113
English National Opera 29
Eric Snooks Toy Shop 114
Etap 96
Fifty Five Bar 77
Filmfestival-Kalender 17
Fine Fish Co. 48
Fix-Café 52
Flash Sales 99
Floral Hall 29
Flutbarriere 42
Folk Society 87
Forty Winks 102
Framed Film Club 107
Francis Bacon 27
Friday Night Skate / Sunday Stroll 33
Fryer's Delight 48
Gate Theatre 29
Geffrye Museum 23
George For Asda 64
Giraffe 108
Golf 33
Gourmet-Borough Market 7, 73
Green Lanes 81
Green Street 57, 72
Greenwich 14, 100, **105**
Guanabara 86
Guildhall Art Gallery & Roman Amphitheatre 23
Hackney Wick Flea Market 61
Hampstead Heath **36**, 89
Hampstead Village Guesthouse 89
Harrods Food Hall 52
Harry Potter Walk 105
Haus-Sitting 99
Hen and Chickens Pubtheatre 82
Highgate Cemetery 36

HMV 69
Home Swap 4, **99**
Hoop And Grapes 83
Houses Of Parliament 7, **38**
Hoxton Hotel 102
Hugo Boss 75
Hummus Bros. 55
Hyde Park **5**, 18, **37**, 90
Indian Ymca 49
International Magic Shop 114
Internet-Jagd 58
Itadaki Zen 56
Jermyn Street 83
Jesmond Hotel 89
John Singleton Copley 23
Keystone House 93
Kinderkonzerte Wigmore Hall 107
Kinderkonzerte LSO@ St. Luke's 108
King's Head 30
Kiss for Jules 109
Klassiker **37**, **73**
Knights Templar Church 22
L'atelier De Joel Robuchon 58
Lady Diana Spielplatz 115
Lauftreff 34
Lee Valley 34
Lee Valley Camping & Caravan Park 101
Lee Valley Campsite Sewardstone 101
Leicester 50
Little Venice 108
London Bed & Breakfast 100
London Eye 7, 14
Lord Mayor's Coach 24
Lost Society / Blind Tiger 78
Lse Passfield 97
Lse Topfloor! 97
Madame Tussauds 14, **40**
Malaysia Kopi Tiam 50

Maritime Greenwich Pier 24
Masala Zone 50
Meininger Hyde Park 93
Minamoto 45
Monument **4, 40**
Muffin Man 109
Muji 69
Museum Of London 24, 25
Museum Of London Docklands 25
Mushu 51
Mutter & Kind Second
   Hand-Laden 114
My Village 51
National Gallery 16, **25**
National Geographic
Café 73
National Theatre 30
Natural History Museum 25
Newman Arms 83
Nhs Smart Russell Square 94
Nightlife Tour 87
North Greenwich 12
Notting Hill Arts Club 79
Notting Hill Carnival 18
Octavia Housing 71
Online-Info 100
Outlet Village 74
Oxfam Boutique 64
Oxfordshire 74
Passing Clouds 80
Paul Smith Sale Shop 75
Photographers Gallery 26
Piccadilly Backpackers 94
Piccadilly Circus 7
Piccadilly Circus/Regent Street 72
Piccadilly Line 89
Pieminister 55
Pimlico Academy 62
Plastic People 80
Pollock's Toy Museum 111
Ponti's 86
Portrait Restaurant 58
Poshak Mahal 72
Postman's Park 113
Poundland 63
Premier Inn 96
Primark 64

Prince Charles Cinema 18
Proms 18
Puppet Barge 108
Purcell Room 20
Queen Elizabeth Hall 20
Queen's Park 37
Rainforest Café 109
Rasenbowlen 34
Red Lion 83
Rembrandt 25
Retro London 66
Rough Trade East 80
Round and Round in London 110
Roxy 19
Royal Academy Of Music **26**, 107
Royal Albert Hall 18, 93
Royal Court Theatre 31
Royal Festival Hall 20
Royal Opera House 29
Royal Tour Gratis 41
Saatchi Gallery 27
Safestay 95
Salzagold 87
Sambastunde 87
Sandwich Centre 46
Science Museum 27
Scooterworks 47
Secret Sales 100
Shakespeare's Globe Theatre 31
Sfizio 56
Sightseeing-Bus 12
Sir Christopher Wren 20
Sir Francis Drake 106
Snack im Doppeldecker 110
Southbank Centre 20
Spaziergang am Themsenufer 4
Spitalfields Market 73, 108
St James 20
St James Palace 38
St James' Park **5**, 37, **113**
St Katherine's Dock 12
St Martin in the Fields **4**, **20**
St Paul's 14, 32, **41**, 56
Stadtführungen **12**, 92
Street Food – Food Street 52
Stylotel 90
Sutton Hoo-Schatz 22

Swap-a-Rama Razzmatazz 72
Tate Britain 15, **27**, 62, 89
Tate Modern 6, 15, **28**
Tayyabs 51
Ted Baker 75
Tempelritter-Sound 22
Thames Clipper-Boot 275
The Bedford 85
The Blues Kitchen 81
The Book Club 34
The Cavendish 102
The Moon Under Water 85
The Social 81
TK.Maxx 67
Tower Bridge 7, **15**, 41, 100, 104
Tower Gateway 7
Trafalgar Square 7, 17, 20, 50
Traid 72
Transport-Museum 110
Travellodge 97
Tune Hotel 91
Twinings **5**, **63**
Two Brewers-Pub 52
Übernachten Auf Dem Piratenschiff
   106
Umi Hotel 91
Underground Restaurant 63
Upstairs at the Rizzy 82
University of Westminster 98
Unterwegs mit dem Boot 13
Victoria & Albert Museum **5**, **28**
Victoria & Albert Museum of
   Childhood 111
Vijay's Chawalla 57
Vincent Rooms
Vincent van Gogh 27
Violet Cakes 45
Westfield Shopping Centre 67
Westminster Abbey &
   St Paul's 15, **41**
Westminster Cathedral 42
What The Butler Wore 67
Whitechapel Art Gallery 28
White Cube Gallery 28
Woolwich Ferry 43
Yotel **5**, **91**
ZL Cafe 46

IMPRESSUM

SCHREIBEN SIE UNS!

> **Liebe Leserin, lieber Leser,**

wir setzen alles daran, Ihnen möglichst aktuelle Informationen mit auf die Reise zu geben. Dennoch schleichen sich manchmal Fehler ein – trotz gründlicher Recherche unserer Autoren/innen. Sie haben sicherlich Verständnis, dass der Verlag dafür keine Haftung übernehmen kann.

Wir freuen uns aber, wenn Sie uns schreiben.

Senden Sie Ihre Post an die
MARCO POLO Redaktion
MAIRDUMONT, Postfach 31 51
73751 Ostfildern
info@marcopolo.de

IMPRESSUM

Titelbild (von li. nach re.): Getty/B. Sporrer, Getty/J. Stumpe, Denis Pernath, Stockfood/Peer Wörmann
Fotos: fotolia/Ildar Akhmerov (S. 39), Angela Kalenbach (S. 59), alle anderen Fotos: Moritz Negwer

2. Auflage 2013
© MAIRDUMONT GmbH & Co. KG, Ostfildern
Konzept / Chefredaktion: Michaela Lienemann
Autorin: Kathleen Becker, Angela Kalenbach
Gesamtredaktionelle Betreuung: Redaktionsbüro Negwer, Thomas Zwicker, Christian Calmano,
Julia Haude
Projektbetreuung: Ann-Katrin Kutzner
Kartografie Cityatlas: © MAIRDUMONT, Ostfildern
Innengestaltung / Icons: Katharina Kracker; Titel: fpm factor product münchen
Das Werk einschließlich aller seiner Teile ist urheberrechtlich geschützt. Jede urheberrechtsrelevante
Verwertung ist ohne Zustimmung des Verlages unzulässig und strafbar. Das gilt insbesondere
für Vervielfältigungen, Übersetzungen, Nachahmungen, Mikroverfilmungen und die Einspeicherung
und Verarbeitung in elektronischen Systemen.
Printed in Germany. Gedruckt auf 100% chlorfrei gebleichtem Papier

Bild: Die roten Doppeldeckerbusse sind ein Markenzeichen der Stadt.

48 h

> Ein Wochenende Spaß haben und dabei jede Menge sparen: Wir haben zwei tolle Tage mit Angeboten aus diesem Band für Sie geplant – und normal teure Alternativen gegenübergestellt

SA Checken Sie nach dem Frühstück online die Gratis-Wochenend-Events im South Bank Centre-Kulturkomplex, kaufen Sie dann eine **Travelcard** (*S. 10*) und klappern auf einer der praktischen Buslinien damit die wichtigsten Sights ab. Steigen Sie in der Nähe des Leicester Square aus und ergattern Sie dort **am tkts-Kiosk Theaterkarten** für den Abend zum halben Preis (*S. 16*). Ein schneller Snack auf die Hand in Chinatown von einem der Straßenstände mit Takeaway-Dim Sum-Klößchen und der am Hotel-Wasserhahn gefüllten Flasche stärkt Sie für den kostenlosen Streifzug durch Highlights der westeuropäischen Kunstgeschichte in der **National Gallery** (*S. 25*). Später lockt der Besuch einer **Gratis-Konzertprobe** in der St Martin in the Fields-Kirche um 16 Uhr (*S. 20*) mit der Möglichkeit, einen günstigen Afternoon Tea in der **Krypta** (*S. 20*) vor Ihrem Theaterbesuch zu genießen. Wer danach noch in die berühmte Currymeile **Brick Lane** geht, spart beim Steh-Bagel in der **Beigel Bakery** (*S. 85*) viel Geld. Dann kuscheln Sie sich gemütlich in Ihr günstiges Schlafsaal-Bett im **Tune Hotel** (*S. 91*).

SO Frühaufsteher flanieren im **Hyde Park** (*S. 37*) und treffen die Langschläfer um 11 Uhr bei Wellington Arch für eine **Gratis-Tour** durch Royal London (*S. 41*), mit Endpunkt **Houses of Parliament** (*S. 38*). Dort überqueren Sie auf der Westminster Bridge die Themse – tolle Blicke! Filmfans genehmigen sich in der **Mediatheque des BFI** einen britischen Klassiker (*S. 22*), und der Kunstgenuss im Publikumsmagnet **Tate Modern** (*S. 28*) ist ebenfalls kostenlos. Überqueren Sie die Millennium Bridge für den 17-Uhr-Evensong-Gottesdienst in der **St Paul's Cathedral** (*S. 41*). Mit dem Besuch von **Madame Tussauds** lassen Sie sich bis eine Stunde vor Toresschluss Zeit – und sparen so mit dem Late-Saver-Ticket (*S. 40*) kräftig beim Eintritt.

LOW BUDGET
WEEKEND

	LOW BUDGET		**REGULÄR**	

SA

Low Budget		Regulär	
Doppeldecker-Sightseeingfahrt mit Travelcard	£ 7,00	Doppeldecker-Sightseeing-Bus Normaltarif	£ 26,00
Chinatown-Snack	£ 2,00	Snack im Dim-Sum-Restaurant	£ 15,00
National Gallery mit Führung	£ 0,00	Somerset House Embankment & Courtauld Galleries	£ 14,00
Offene Konzertprobe in St Martin in the Fields	£ 0,00	Reguläres Konzert in St Martin in the Fields	£ 24,00
Afternoon Tea Krypta St Martin in the Fields	£ 6,00	Afternoon Tea im Hotel	£ 20,00
Theater- oder Musicalkarte vom tkts-Kiosk	£ 25,00	Theater- oder Musicalkarte an der Tageskasse	£ 50,00
Steh-Bagel mit Tee in der Beigel Bakery, Brick Lane	£ 2,50	Hauptgericht mit Getränk im Brick-Lane-Restaurant	£ 13,00
Übernachtung im frühgebuchten Tune Hotel	£ 30,00	Übernachtung zum regulären Preis im 3-Sterne-Hotel	£ 90,00

SO

Low Budget		Regulär	
Royal London-Tour mit New London Tours	£ 0,00	Eine normal gebuchte Stadtführung	£ 10,00
Film in der Mediatheque	£ 0,00	Film in einem West-End-Kino	£ 14,00
Evensong in St Paul's	£ 0,00	Jazz in St Martin in the Fields	£ 5,00
Madame Tussauds mit Late-Saver-Ticket	£ 15,00	Madame Tussauds mit regulärem Ticket	£ 30,00
GESAMT	**£ 87,50**	**GESAMT**	**£ 311,00**

> GESPART   £ 223,50

48 h

> Zwei Tage Luxus genießen und trotzdem nicht zu viel bezahlen
Wir haben Tipps für ein Verwöhn-Wochenende aus Angeboten in d[...]
sem Band zusammengestellt und vergleichen mit üblichen Preise[...]

SA Beginnen Sie den Tag ganz obenauf: vom **Monument** (S. 40) haben Sie einen Genießer-Blick weit über die Stadt. Erfreuen Sie sich dann am Luxus, mitten im quirligen London im Grünen spazieren zu gehen, etwa im **Hyde Park** (S. 37), oder machen Sie zum Mittag ein feines Picknick auf den Bänken des **St James' Park** (S. 113). Mit einem **Barclays-Cyle Hire-Leihrad** (S. 11) geht es anschließend bequem zum Westminster Pier. Von dort bringt Sie ein **City Cruises-Boot** (S. 12) komfortabel zum Paradies für Seebären, Architekturfans und Sternegucker, nach Greenwich. Zurück in der Stadt gibt es einen feudalen Afternoon-Tea im **Portrait Restaurant** (S. 58) samt warmen Scones mit Clotted Cream und Himbeermarmelade, Gurkensandwiches, Patisserie und Petit Fours. Dann schnell vor 20 Uhr in den brasilianischen **Guanabara-Club** (S. 86) schlüpfen für Live-Samba und Percussionswahnsinn. Geschlafen wird luxuriös zum Frühbucher-Superpreis im schicken **Hoxton-Hotel** (S. 102).

SO Nach Ihrem im Hotelpreis inbegriffenen Frühstück im Zimmer und einem Gratis-Anruf bei den Lieben daheim genießen Sie den Weg durch das noble Chelsea und den Battersea Park Richtung **Battersea Car Boot Sale** (S. 61) – auf diesem schönen Flohmarkt lassen sich feine Schnäppchen im großen Stil machen. Wahre Shopping-Fans sausen dann weiter zum schicken **Burberry-Outlet** (S. 74). Sie müssen sich dort freilich rechtzeitig losreißen, damit Sie um 15 Uhr in der Westminster Abbey dem kostenlosen **Evensong-Gottesdienst** (S. 41) beiwohnen können. Das **Pre-Theatre-Menü** ab 17 Uhr im West End (S. 44) bietet anschließend bezahlbare Gaumenfreuden in Top-Qualität. Anschließend gönnt man sich einen perlenden Absacker in der **Amuse-Bouche-Champagnerbar** mitten in Soho (S. 77).

LOW BUDGET
LUXUS WEEKEND

	LOW BUDGET		REGULÄR
SA			
Eintritt Monument	£ 3,00	Eintritt London Eye-Riesenrad...	£ 18,90
Barclays-Leihrad 30 Min.	£ 0,00	Regulärer Radverleih	£ 3,50
Picknick im Park	£ 5,00	Mittagessen im Restaurant	£ 12,00
City Cruises-Bootstour Westminster		City Cruises-Bootstour Westminster	
Pier–Greenwich (Travelcard)	£ 6,50	Pier–Greenwich regulär	£ 10,50
Afternoon-Tea im Portrait	£ 19,95	Afternoon-Team im Ritz	£ 42,00
Eintritt Guanabara-Club		Eintritt Guanabara-Club	
vor 20 Uhr	£ 0,00	nach 20 Uhr	£ 10,00
Übernachtung im		Übernachtung im Hoxton-Hotel	
Hoxton-Hotel £ 1 Sale	£ 1,70	normal gebucht	£ 185,00
SO			
Schnäppchen-Outfit auf dem		Outfit aus Covent	
Battersea Flohmarkt	£ 40,00	Garden-Boutiquen	£ 400,00
Karo-Schirm vom		Burberry-Schirm aktuelle	
Burberry-Outlet	£ 70,00	Kollektion	£ 120,00
Evensong @Westminster		Regulärer Eintritt	
Abbey	£ 0,00	Westminster Abbey	£ 16,00
Pre-Theatre-Dinner-Menü			
mit drei Gängen	£ 15,00	Reguläres Dinner	£ 40,00
Glas Champagner im		Glas Champagner im	
Amuse-Bouche, Soho	£ 5,50	Kettners, Soho	£ 12,50
GESAMT	**£ 166,65**	**GESAMT**	**£ 870,40**

> GESPART   £ 703,75